Klaus Hurrelmann
Gerlinde Unverzagt

Wenn es um Drogen geht

So helfen Sie Ihrem Kind und
verlieren Ihre Panik

W0233918

Herder
Freiburg · Basel · Wien

Gedruckt auf umweltfreundlichem,
chlorfrei gebleichtem Papier

Originalausgabe

Alle Rechte vorbehalten – Printed in Germany
© Verlag Herder Freiburg im Breisgau 2000
Herstellung: Freiburger Graphische Betriebe 2000
Umschlaggestaltung und Konzeption:
R·M·E München / Roland Eschlbeck, Liana Tuchel
Umschlagmotiv: © Bavaria Bildagentur
ISBN 3-451-05520-1

Inhalt

1. Kapitel:
Wovor alle Eltern sich fürchten

Die Neuigkeiten aus der Schule haben eingeschlagen wie eine Bombe: Der sechsjährige Simon unterhält in der Pause einen schwunghaften Handel. Er verkauft Süßigkeiten, Spielzeug und Kugelschreiber unter der Hand an andere Kinder – gegen Bares, versteht sich. Die Lehrerin hat die Mutter zum Gespräch gebeten. Und Simons Mutter ist fassungslos. Inzwischen hat sie herausgefunden, dass nicht nur die He-Man-Sammlung aus Simons Besitz, sondern auch zwei Barbiepuppen, die seiner Schwester gehören, die Taschenlampe des Bruders und ihr seit Wochen vermisster teurer Füller zur heißen Ware gehören, die Simon in der Schule vertickt. Angeblich braucht er Geld – um Eis zu kaufen, wie er sagt. Dabei bekommt er doch jederzeit ein Eis, wenn er eines möchte.

Wohin soll das führen, fragt sich Simons Mutter, voller Angst, ihr Sohn könne da eine kriminelle Ader entwickeln. Sie macht sich Sorgen, große Sorgen. Sie fühlt sich belogen, hintergangen, ratlos. Mit Schrecken sieht sie, dass ihr Kind Verhaltensweisen an den Tag legt, die sie bisher nicht für möglich gehalten hätte. Sie fragt sich: Was wird aus ihm werden? Was ist da schief gelaufen, was habe ich falsch gemacht?

Auch Gabi macht sich Sorgen. Ihre Tochter Anna schluchzt herzzerreißend, ist ganz und gar untröstlich. Sie weigert sich rundheraus, jemals wieder in die Schule zu gehen. Und das nach dem zweiten Schultag! Ihre Mutter versteht die Welt nicht mehr – seit Monaten fiebert Anna dem großen Tag entgegen und kann es kaum abwarten, ein Schulkind zu sein. Und jetzt sitzt da ein Häufchen Elend. Was mag an diesem zweiten Schultag vorgefallen sein? Nach und nach kommt heraus, dass Anna nicht die Schulstunden, sondern die Pause fürchtet: so viele fremde Kinder und Lehrer, der Krach, das Gewusel, große Jungen, die sie einschüchtern. Da will sie nie wieder hingehen. Annas Mutter ist ganz Mitgefühl. Sie spürt die Verzweiflung ihrer Tochter förmlich am eigenen Leib. Panik, in die sich Hilflosigkeit mischt, breitet sich aus – aber, wie um alles in der Welt, denkt sie, „kann ich meinem Kind das ersparen?" Es hilft ja nichts, in die Schule muss sie gehen ...

„Mit einem Mal ist mir klar geworden, wie stark dieses Bedürfnis, sie zu behüten, in mir immer war", sagt sie. „Ich habe als Kind wenig Geborgenheit erfahren und ihr deshalb viel zu viel gegeben. Ich wollte sie immer beschützen und sie vor unangenehmen Erlebnissen bewahren." Und erinnert sich: „Schon wenn sie irgendwo hochgeklettert ist, habe ich weggeguckt. Ich dachte, wenn ich hinschaue, fällt sie erst recht runter." Da ist etwas schief gelaufen, meint Gabi heute. „Ich habe ihr meine eigene Angst regelrecht übergestülpt."

Mütter – und manche Väter – wollen ihre Kinder immer ein bisschen zu sehr beschützen. Der rettende, ausgleichende Faktor ist der heftige Widerstand, den die Kinder diesem Streben entgegensetzen. Die Schwierigkeit, nein, der Vorteil liegt darin, dass Kinder nicht voreingenommen sind. Kinder wollen ganz von alleine Neues unternehmen, Fehlschläge riskieren und Menschen kennen lernen, die nicht die Ansichten ihrer Familie vertreten. Eltern tragen die Verantwortung für das Wohlergehen des Kindes, für seine Sicherheit und Versorgung. Aber sie können trotzdem nicht vermeiden, Fehler zu machen, zu versagen und Schwächen zu zeigen. Eltern neigen dazu zu übersehen, dass es in keiner Kindheit die genau richtige Balance gibt zwischen Versorgung und Selbständigkeit, Harmonie und Auseinandersetzung, Beharren und Nachgeben. Der Mangel, den jeder von uns auf die eine oder andere Weise erlebt hat, nährt vielfältige Ängste, aber fördert auch Fähigkeiten.

Ohne die Liebe und den Schutz seiner Eltern kann ein Kind nicht groß werden. Aber es reicht heute für das Gefühl, gute Eltern zu sein, nicht mehr aus, die Kinder lange genug versorgt und geliebt zu haben. Eltern sind längst in die Rolle allmächtiger Figuren gedrängt, die für die Entwicklung ihrer Kinder in jeglicher Hinsicht verantwortlich sind. Und sie haben diese Rolle verinnerlicht – geschmeichelt und entsetzt stoßen sie Tag für Tag an ihre Grenzen. Alle Eltern wollen gute Eltern sein, deshalb lässt das Reden über Schwierigkeiten immer auch Gefühle des Versagens anklingen. Die Bürde der Verantwortung zusammen mit dem verinnerlichten Ideal der Elternschaft führt eher dazu, Belastungen zu verschweigen. Der Widerspruch zwischen Anspruch und Wirklichkeit scheint unauflöslich, das Leiden darunter ist still – und nährt Schuldgefühle. Verunsicherung und Überforderung, ständige Besorgnis geben den idealen Nährboden der umfassenden Angst und Sorge um das Kind ab, die das Elterndasein vom ersten Moment begleitet. Mit beunruhigender Zuverlässigkeit stellen sich Schuldgefühle ein, sobald ein Kind quer schießt und mit seinem Verhalten die hoch gesteckten Erwartungen der Eltern Lügen straft. Schuldgefühle sind die Kehrseite elterlicher Verantwortung. Wenn Kinder auffallen – sei es durch Drogenkonsum, aggressives oder selbstschädigendes Verhalten oder kriminelle Machenschaften – fühlen Eltern sich leicht an den Pranger gestellt: zu der Sorge um das Kind gesellt sich die Scham. Wer möchte schon vor Nachbarn, Freunden und Kollegen als eine Mutter, ein Vater dastehen, mit denen es nicht zum Aushalten ist, als Eltern, die ihrem Kind etwas so Schlimmes angetan haben müssen, um so eine drastische Reaktion hervorzurufen? Zusammen mit Selbstzweifeln, der Angst, versagt zu haben, hängt sich die Angst an das Leben mit Kindern wie der Schweif an den Kometen.

Kleine Kinder, kleine Sorgen ...

Unsere Hände zucken einsatzbereit, wenn das Kleinkind Anstalten macht, auf den Küchenschrank zu klettern. Wir sind zur Stelle, wenn es sich wenig später anschickt, mit einer Stricknadel in der Hand das Innenleben der Steckdose zu erkunden. Und wir reißen es im letzten Moment zurück, wenn es dem Ball hinterher auf die Straße springt. Wir haben ein waches Auge, wenn der kleine Sohn auf dem Spielplatz von größeren Mädchen angerempelt wird. Je nach Nervenkostüm, Temperament und Tagesform werden wir jetzt entweder abwarten, ob er zurückhaut oder lieber gleich dazwischengehen, um den Streit zu schlichten, noch bevor er angefangen hat.

Während die Jahre ins Land gehen, verändern sich die Gefahren. Ihr Sohn verhaut eine Mathearbeit und Ihre Mutterliebe, Ihr Vaterherz, legt Ihnen nahe, ihm zu sagen, das sei alles halb so wild. Da fällt Ihre Tochter ins Bodenlose, weil sie vielleicht den Ränkespielchen von zwei, drei Freundinnen wenig selbstbewusste Tatkraft entgegensetzen kann und immer wieder von gemeinsamen Unternehmungen ausgeschlossen wird. Mitanzusehen, wie sie leidet, krampft Ihnen das Herz zusammen. Sie ahnen längst, dass Sie Ihr Kind nicht vor allem Seelenschmerz schützen können, geschweige denn, ihm harte Rückschläge und Enttäuschungen auf allen Ebenen zu ersparen imstande sind. Immer mehr Gefahren tauchen auf: im Bus gibt es keine Sicherheitsgurte und auf der Straße zu wenig Ampeln, bei anderen Eltern, mit deren Kindern sich Ihr Kind am Nachmittag trifft, läuft die Glotze nonstop, die Schultoiletten starren vor Dreck, die Deutschlehrerin ist eine zynische Leistungsfanatikerin. Keines dieser Ereignisse ist schlimm genug, um tatsächlich die ganze Wucht Ihrer elterlichen Energie zu mobilisieren, aber es kann schon wehtun mitanzusehen, wie Ihr Kind von Schicksalsschlägen heimgesucht wird. Sie erkennen die Grenzen Ihrer Möglichkeiten, hilfreich einzugreifen. Die gefährlichen Teenager-Jahre beginnen. Deutlicher als je zuvor merken Sie, dass Sie zwar die starke Beschützerin bleiben wollen, das aber nur geht, wenn Sie sich zum Gefängnisaufseher entwickeln. Sie sind als Vater wild entschlossen, mit der Schrotflinte die Unversehrtheit Ihres kleinen Mädchens zu verteidigen, sobald diese Typen zudringlich werden, die seit kurzem um Ihre 13-Jährige herumscharwenzeln. Es mag offensichtlich sein, was für eine aufgedonnerte kleine Zimtziege Ihr Baby als neue Freundin mit nach Hause bringt. Aber kann man es als Mutter wagen, das auch zu sagen? Sie kennen die Widerlinge, die Kinder auf öffentlichen Toiletten belästigen. Aber soll man darauf bestehen, seinen 12-jährigen Sohn mit auf die Damentoilette zu nehmen? Soll man wirklich darauf beharren, drei 14-jährige selbstbewusste Mädchen zur Autogrammstunde von Leonardo di Caprio zu begleiten, nur weil man weiß, dass dort wie wild gedrängelt wird? Wenn Ihr 16-Jähriger beschließt, gemeinsam mit einem Freund in den Sommerferien nach Portugal zu trampen, um da, wie er sagt, „mal so richtig Sonne satt" zu haben – wie wollen Sie ihn schützen, wenn Sie noch dazu kürzlich in der Zeitung gelesen haben, dass viel von dem Haschisch, das es in Ihrer Stadt zu kaufen gibt, aus Marokko über Portugal den Weg zu uns findet?

Sie können Ihrem 13-jährigen Kind natürlich einen eigenen Fernseher schenken, in der Hoffnung, dass es dann den Aufenthalt zu Hause dem Rumhängen im Park mit zwielichtigen Gestalten vorzieht. Sie können Ihren Sohn, dessen Punker-Freunde Ihnen schon länger missfallen als seine miesen Leistungen in der Schule Sie beunruhigen, kurzerhand, nachdem Sie jetzt Haschischbröckchen und ein paar dubiose Pillen in seinem Zimmer gefunden haben, in ein gutes Internat verfrachten, (wo er unweigerlich auf andere Kinder trifft, deren Eltern sie aus denselben Beweggründen auf diese Schule schicken ...). Und Sie können später dann, wenn der Junge mit Drogen dealt, vor Gericht oder im Freundeskreis immer wieder beteuern: „Wir haben doch wirklich alles getan" oder „Wir haben ihm doch immer alle Schwierigkeiten aus dem Weg geräumt." Ein eigener Fernseher, eine teure Privatschule und auch die lückenlose Kontrolle des pubertären Lebenswandels sind wohl kaum eine Garantie dafür, dass Kindern menschliche Schwächen und Krisen für alle Zeiten erspart bleiben. Da können Eltern, besonders Mütter, manchmal übertreiben, was das Mitdenken, Vorausahnen und Befürchten betrifft. Aber die Zeit rückt auch vieles gerade. Vor allem die überstandenen Gefahren geben im Nachhinein viel Stoff für heitere Geschichten ab. Die Mutter, die angesichts der extravaganten Schlafgewohnheiten ihres dreijährigen Kindes schier verzweifelt, kann Jahre später erst den milden Trost ihrer eigenen Mutter verstehen, die angesichts der Schilderungen des nächtlichen Terrors versonnen lächelt, „so lange man sie abends noch selbst zudeckt, ist die Welt doch noch in Ordnung", – und sich insgeheim in ihre eigene Jugendzeit zurücksehnt, als ein rauchender 13-Jähriger auf der Schultoilette noch als Problemfall galt.

Natürlich regt man sich auf, wenn der Nachwuchs sich in Gefahr begibt. Aber müssen wir deshalb nächtelang selbst nicht mehr schlafen und uns mit Schuldfragen malträtieren? Viele Dinge, über die man in helle Panik geraten kann, regeln sich von selbst. Viele düstere Prophezeiungen treffen erst gar nicht ein. Oft regt man sich umsonst, oder jedenfalls zu stark auf. Man braucht auch ein bisschen Vertrauen in den Lauf der Dinge. Und besonders viel Vertrauen in das Kind. Das entbindet nicht von der Verantwortung, die mit der Elternschaft verbunden ist. Man muss sich mit ihnen streiten, herumärgern, sie zurechtweisen, sie die Folgen ihres Verhaltens spüren lassen; und gelegentlich darf einem auch mal der Kragen platzen. Aber im Hinterkopf die Idee wachzuhalten, dass nicht alles so furchtbar tragisch ist, dass der Knoten sich lösen wird, dass nicht jeder Irrweg in die Katastrophe führt, kann viel Gelassenheit bewirken, die sich in den Krisen, die unweigerlich kommen werden, bewährt – nicht erst wenn Drogen, aber erst recht, wenn Drogen ins Spiel kommen.

Ängste um die eigenen Kinder sind weder übertrieben noch überflüssig, sondern ganz normal – und sie wachsen mit. Große Kinder, große Sorgen? Das stimmt eigentlich auch nicht so ganz: Für Eltern und ihre Kinder sind immer die Sorgen am größten, die gerade jetzt brandaktuell sind. „Sag mal, rauchst du heimlich?" und: „Du hast doch wohl nicht getrunken?" oder: „Kiffst du eigentlich auch?" sind Fragen, die im Alltag mit heranwachsenden Kindern früher oder später auftauchen. Die Angst, das eigene Kind könne drogenabhängig werden, gehört zu den schlimmsten Befürchtungen, die Eltern belasten.

Ob das wohl gut geht?

Dass ihre Kinder schon mit zehn Jahren rauchen könnten, dass sie in die falsche Clique geraten könnten, dass sie sich auf irgendwelche Drogenabenteuer einlassen, dass sie in der Schule auf der Strecke bleiben könnten oder dass es ihnen einfach schlecht geht und sie es nicht bemerken – die Ängste von Eltern spiegeln durchaus vorhandene Ge-

15

fahren. Ob die Besorgnis übertrieben oder angemessen ist, wird erst der Lauf der Dinge zeigen. Verständlich ist es allemal, wenn Eltern in Sorge geraten und sich fragen, wohin das führt, wenn der Sohn oder die Tochter jetzt erste Drogenerfahrungen sammelt. Man ist sich zwar der Liebe seines Kindes sicher, kennt sein Kind und weiß sein Selbstbewusstsein einzuschätzen, aber ist furchtbar anfällig für alle kleinen und größeren Sorgen, die sie einem bereiten. Hinzu kommen Einflüsse von außen, die man kaum kontrollieren kann. Kinder leben genauso wie Erwachsene in einer konsumbesessenen Gesellschaft, die sie Tag für Tag mit Informationen überflutet, mit Werbung bombardiert und mit Versprechungen zum Konsum überredet. Dank der Medien reagieren wir immer hysterischer auf die schrecklichen Dinge, die manchen Kindern zustoßen, wenn sie nicht genügend geschützt werden. Sensationsberichte im Fernsehen und in Zeitungen schüren die Angst der Eltern beträchtlich. Wo immer einem Kind etwas Furchtbares widerfahren ist, suchen wir in der Zeitung nach Hinweisen darauf, das Opfer sei an einem Ort gewesen, wo sich unsere Kinder niemals aufhalten würden, zu einer Zeit, wo sie immer zu Hause sind oder unter Umständen, die wir niemals zulassen würden. Und wenn wir nichts in dieser Richtung finden, verschärfen wir das häusliche Reglement ...

Ein anderer Blick auf die Angst

Schon der Verdacht, ihr Kind könne drogenabhängig werden, reicht aus, um Eltern unwillkürlich den Atem stocken zu lassen. Angst ist die Reaktion auf ein Signal, das wir als bedrohlich wahrnehmen. Haschischkrümel auf dem Tisch, der Anblick des betrunken heimkehrenden 14-Jährigen, die Zigaretten in der Jackentasche der 12-Jährigen

16

oder eine Einstichstelle in der Armbeuge des 17-Jährigen, aber auch das Foto des toten Fixers auf dem Bahnhofsklo sind Auslöser für eine komplexe Reaktion. Die Hände beginnen unmerklich zu zittern, der Atem wird flach und die Muskeln spannen sich unwillkürlich an. Der Körper ist reaktionsbereit – Kampf oder Flucht? Wer Angst hat, ist auf dem Sprung. Das hilft zwar nicht weiter, um sein Kind vor Drogen zu schützen, doch der ganze Ablauf hat durchaus seinen Sinn. Wenn das Signal übers Auge den Thalamus, die Relaisstation im Zwischenhirn erreicht hat, wird es weitergeleitet zur Großhirnrinde – dem Teil des Gehirns, mit dem wir bewusst wahrnehmen. Hier sind die klaren Gedanke, das Abwägen und Taktieren zu Hause. Aus den Informationen, die da sind, setzt sich jetzt schnell ein Bild zusammen. Das merkwürdige Verhalten des Kindes, seine ständige Geldnot, die schlechten Schulleistungen, seine Blässe und Müdigkeit, die gereizte Stimmung, der süßliche Geruch im Zimmer ... Was da ins Hirn weitergefunkt wird, ruft sofort das vermeintlich passende Verhaltensprogramm auf den Plan: Blut wird in die tieferen Muskelschichten gepumpt, Adrenalin ausgeschüttet, der Blutdruck schnellt in die Höhe, die Atmung wird schneller – der Körper ist sprungbereit. Angst schärft alle Sinne, um einer Bedrohung so klug und beweglich zu begegnen, dass die Überlebenschancen steigen. Angriff oder Flucht, Abwehr oder Tarnung, die Bildung von Rudeln – das sind Verhaltensweisen, mit denen Tieren einer Gefahr begegnen. Und wir sind nicht sehr weit davon entfernt: Auch Eltern stellen erbost zur Rede, verfluchen Dealer, Drogen oder die Gesellschaft, wollen nicht wahrhaben, dass ihr Kind Drogen nimmt, fliehen in die Arbeit, wenn der Haussegen schief hängt, fragen andere Eltern um Rat.

Belastungssituationen tendieren dazu, die ältesten Hirnteile zu mobilisieren; das geschieht ohne großes Nachdenken. Diese Reaktion auf bedrohliche Situationen war ein nützliches Werkzeug auf dem langen Weg aus dem Neandertal bis heute. Als Frühwarnsystem hat sie unsere Überlebenschancen gesteigert. Angst alarmiert und aktiviert. Doch der Nachteil liegt auf der Hand: Gegen Störungen gibt es kaum Sicherungen, denn die Großhirnrinde, wo die klaren Gedanken zu Hause sind, wird von derart starken Signalen schlicht übertönt. Unsere Vorfahren, die angesichts angreifender Auerochsen mit der Großhirnrinde reagiert hätten, also erst einmal kritisch gelassen das Ereignis hätten umfassend würdigen wollen, wären dem Untergang geweiht gewesen. Aber wir? Angst allein ist nicht genug, um die Herausforderung, die Drogen darstellen, zu bewältigen. Für besorgte Eltern ist das archaische Verhaltensprogramm kaum das Richtige – Panik hilft nicht. Wir müssen intelligentere und passendere Lösungen finden, weil die Aufgabe komplizierter ist. Im Bewusstsein haben wir noch dazu nicht nur eigene, sondern viele fremde und oft fürchterliche Erfahrungen gespeichert, auf die wir mit derart heftigen Angstgefühlen reagieren, dass sie unser vernünftiges Denken blockieren können. Dann macht Angst passiv, lähmt unsere Lebenskräfte und lässt uns zu hilflosen Opfern werden. Statt von Raubtieren werden wir heute eher von inneren Bildern bedroht. Das Ausmaß der Angst richtet sich danach, wie bedrohlich jemand eine Situation wahrnimmt – nicht wie bedrohlich sie tatsächlich ist. Das gilt es erst noch herauszufinden: Sich über Art und Umfang der Gefahr durch Drogen zu informieren, ist ein erster Schritt, sich mit der Wirkungsweise und möglichen Folgen des Konsums einzelner Substanzen vertraut zu machen, ein nächster. Bessere Kenntnisse verhelfen zu der Sicherheit, mit der eine Situation sich einschätzen lässt. Und sie meidet Panikreaktionen, die nur den Spott der Jugendlichen hervorrufen oder im Handumdrehen abgebügelt werden: „Euer Wein ist doch viel schlimmer als mein Joint. Ihr seid doch selber süchtig!" Die eigenen Suchtmittel und

Gewohnheiten dabei nicht auszusparen – daran führt kein Weg vorbei. Die Ängste der Eltern vor Sucht und Drogen sind breit gefächert, aber sie sind kaum zielgerichtet. Die Mehrheit der Suchtkranken in der Bundesrepublik sind alkoholabhängig. Aber die Verfügbarkeit der Droge Alkohol regelt die Lebensmittelverordnung, nicht das Betäubungsmittelgesetz. Das ist eine Gesprächsfalle, in der das Reden über Drogen zwischen Eltern und Kindern oft schon ganz früh scheitert.

Der Versuch, die gesamte Situation in den Blick zu bekommen, die Schwierigkeiten des Kindes zu sehen, zu verstehen und nachzuempfinden, anstatt nur auf die Droge zu starren, ist der Anfang von allem. Auf die Offenheit kommt es an. Die Bereitschaft, darüber nachzudenken, was den Kindern gefehlt hat, was die gemeinsame Geschichte und damit die Entwicklung der Kinder belastet, was sie bereichert hat, verbindet Eltern mit Kindern, wenn die Kinder sich abzunabeln beginnen. Vom Gespräch miteinander hängt viel ab, erst wenn der Faden reißt, kann es kritisch werden. Sich rechtzeitig Hilfe zu holen, kann viel Leid verhindern. Im Gespräch mit anderen Eltern lässt sich eher erkennen, wo eine unheilvolle Wechselwirkung entsteht, wenn Eltern sich aus Angst um ihr Kind zu viel zumuten. Begreifen, wie wichtig das Loslassen ist. Aber nicht mit Sprüchen: „Na mach mal, du wirst schon sehen, wo du ohne uns landest." Ermutigung und Zutrauen muss rüberkommen: „Das musst du selbst entscheiden, du schaffst es bestimmt." Angst ist kein schlechter Ratgeber – aber auf die Dosierung kommt es an: Sie schwindet, wo sie ins Bewusstsein geholt und ausgesprochen wird. Denn neben dem lähmenden und furchteinflößenden Gesicht hat die Angst, das eigene Kind könnte drogenabhängig werden, auch ein herausforderndes, aufregendes Gesicht. Angst kann ein Ansporn sein, der die Leistung steigern hilft. Auf der Autobahn schärft die Angst den Blick für das Risiko eines rasanten Fahrstils. Aus Angst vor einem Verfolger laufen wir schneller und springen weiter als wir uns jemals zugetraut hätten. Die Angst versorgt uns mit der Extra-Portion Energie, die wir brauchen, um unsere Sache gut zu machen. Nicht die Angst ist der Fehler, sondern die Einstellung zu ihr: Sicher kann die Angst unsere Gedanken fesseln oder sich im Kreis drehen lassen – sie kann aber auch die Energie anstacheln, die Kraftreserven mobilisieren und uns veranlassen, unsere Möglichkeiten zur Veränderung voll auszuschöpfen. In der Angst zu verharren, lähmt und gibt Selbstmitleid und Schuldzuweisungen mehr Raum als nötig – die Krise als Herausforderung zu begreifen, löst die Gedanken aus ihrer Erstarrung und zeigt: Wir können viel dagegen tun, dass unsere Kinder süchtig werden.

Vom Richtigen im Falschen

Wenn ihre eigenen Kinder den Joint kreisen lassen, beschert das den Eltern häufig gemischte Gefühle. Schon weil die heutige Elterngeneration eigene Drogenerfahrungen hat: wie soll Suchtvorbeugung da wirken? Wie können jene argumentieren, die es müssen – Eltern und Lehrer, aber auch Drogenberater und Politiker? Warnen? Drohen? Wegschauen? Was soll man tun, wenn der Eindruck allgemein herrscht, der Staat dulde Drogenkonsum. Das Urteil des Bundesverfassungsgerichtes vom März 1994, wonach unter bestimmten Voraussetzungen der Besitz von geringfügigen Mengen Cannabis zum eigenen Verbrauch straffrei ausgehen kann, hat einen wabernden, ungenauen gesellschaftlichen Niederschlag gehabt. Missverständnisse und Irrtümer beherrschen das öffentliche und private Diskussionsfeld, das ohnehin schon kaum nüchtern und sachbezogen, sondern emotional und weltanschaulich aufgeheizt durch missionarischen Eifer auf beiden Seiten beackert wird. Allgemein hat sich das Verständnis behauptet, mit diesem Urteil sei eine teilweise Freigabe von Cannabisprodukten erfolgt. Die Aufgabe von Eltern ist dadurch nicht leichter geworden: Wie kann man deutlich machen, dass Kiffen nicht in Ordnung ist, auch wenn man früher selbst den Joint hat kreisen lassen und viele gesellschaftliche Signale in die Richtung weisen, „Kiffen tut doch heute jeder", „das ist alles nicht so schlimm, haben wir doch auch gemacht". Andererseits offenbart es sich als blanker Unsinn, jeden kleinen Gelegenheitskiffer mit der geballten Faust aller strafrechtlichen Möglichkeiten zu jagen. Wer hingegen das Kiffen ausschließlich zur altersgemäßen Jugendsünde adelt, unterschlägt wieder die Gefahren, die von regelmäßigem und starken Gebrauch auch dieser Droge ausgehen. Das Ausprobieren von psychoaktiven Substanzen wird heute einhellig als wichtige Entwicklungsaufgabe angesehen, die in Abwesenheit von besonderen anderen Risikofaktoren als unproblematisch gelten kann. Gleiches gilt auch für den kontrollierten Umgang mit Zigaretten und Alkohol, der dem Genuss, nicht der Abhängigkeit dient. Ob aber all die ersten Male mit verschiedenen Substanzen als Auftakt einer Sucht oder als Ausrutscher zu werten sind, ist dann, wenn es passiert, völlig offen. Bleibt nur, Sachkenntnis zu erwerben, sich selbst die richtigen Fragen zu stellen und die Gefahr möglichst genau zu vermessen, um flexibel reagieren zu können – bleibt nur zu hoffen, dass die Kinder stark genug sind? Dass Drogenvorbeugung bei Teenagern weitgehend unwirksam ist, behaupten heute nicht nur resignierte Drogenberater, Lehrer und Pessimisten, sondern auch Wissenschaftler, die sich auf solide Forschungsergebnisse berufen. Doch es gibt eine Altersschwelle, in der die natürliche Ablehnung von Drogen ins Gegenteil umschlägt, das Engagement von Eltern für ihre Kinder kann diese Entwicklung nachvollziehen, indem es vorher ansetzt: Von drei bis neun Jahren haben Eltern mehr Einfluss als andere Erwachsene darauf, Lebenskompetenzen ihrer Kinder zu fördern – ein Erziehungsverhalten, das Kinder in ihrem Unabhängigkeitsstreben, ihrer Konfliktfähigkeit, ihrer Eigenverantwortung, ihrem Selbstbewusstsein stärkt. Ob das nutzt, muss man abwarten. Rund um den 12. Geburtstag rücken dann eher suchtmittelspezifische Themen in den Vordergrund, dann wird sich zeigen, ob der Boden trägt. Und Gelegenheiten, die Statik der Fundamente zu verstärken, gibt es viele. Kinder gegen Sucht und Abhängigkeit zu kräftigen, ist sinnvoll und gut. Aber nicht jedes Kind ist stark und nicht jeder Risikofaktor lässt sich verbannen, ebenso wenig gibt es Garantien fürs Gelingen. Aber die Risiken lassen sich erheblich vermindern, indem Eltern Kinder grundsätzlich und so breit wie möglich fördern – und eine gewisse wache Aufmerksamkeit für ihre Kinder entwickeln, die etwas ganz anderes ist als Kontrolle und argwöhnisches Fahnden nach möglichen Vorzeichen. Die Rundum-Versicherung vor Sucht und Abhängigkeit gibt es nicht, suchtfördernde Faktoren hingegen kann man erkennen und für den ganz eigenen Fall gewichten. Das vielstrapazierte Wort vom Weg, der das Ziel ist, hat in punkto Suchtvorbeugung ein ganz besonderes Gewicht. Wenn man schon nicht mit letztendlicher Sicherheit sagen kann, wie man eine Katastrophe garantiert abwendet, ist doch der Versuch zugleich nützlich, lohnenswert und tröstlich, zu verstehen, warum sie sich ereignet – welche Umstände ihr Eintreffen wahrscheinlicher machen und welche Kräfte sie abwenden können.

2. Kapitel:
Die erste Zigarette, der erste Schnaps, der erste Joint – ist jetzt alles zu spät?

„Seit einiger Zeit kommt er mir irgendwie verändert vor. Wenn er überhaupt mit mir redet, motzt er mich an. Stundenlang zappt er von MTV zu Viva und wieder zurück oder hängt in seinem Zimmer rum. Von seinen Freunden aus dem Fußballverein will er nichts mehr wissen. Er wirkt bedrückt, dann wieder aus heiterem Himmel aggressiv. Auf meine Vorschläge, doch mal was Sinnvolles zu unternehmen, reagiert er nur genervt: „Willst du mich jetzt wieder zutexten oder was?" Ich komme an meinen Sohn überhaupt nicht mehr ran ...", – wenn Eltern mit anderen Eltern über ihre heranwachsenden Kinder reden, merken sie schnell, wie die Berichte sich ähneln. Sie stellen fest, dass ihre Kinder sich in ihrem Verhalten ändern und machen sich Sorgen. Manchmal gibt es Anhaltspunkte dafür, dass Drogen dabei im Spiel sein können. Wenn die Leistungen in der Schule plötzlich abfallen, heißgeliebte Hobbys achselzuckend an den Nagel gehängt werden, statt der alten, vertrauten plötzlich neue, manchmal grell ausstaffierte Freunde auf der Matte stehen, die Launen wie das Wetter im April wechseln, wie wild in der Gegend herumtelefoniert wird oder das Kind nur noch herumhängt, können das Hinweise auf eine Suchtentwicklung sein – aber sie müssen es nicht. Hinter all dem Spuk kann sich genauso gut auch eine ganz normale pubertäre Entwicklung verbergen: ein Zeichen dafür, dass ein heranwachsendes Kind mit den Anforderungen seines Lebens nicht klarkommt. Oder dass ihm für den Umgang mit Konflikten in der Familie, Schwierigkeiten in der Schule oder Ärger mit den Freunden der Rückhalt fehlt. Vielleicht führt es diese Schieflage in den Suchtmittelmissbrauch, vielleicht aber auch in andere Verhaltensauffälligkeiten oder problematische Entwicklungen wie psychosomatische Krankheiten, Aggression und Gewalt gegen sich selbst und andere. Vielleicht gibt sich der Spuk aber auch ganz von alleine. Zu kaum einer anderen Zeit im Leben sind die Neugierde und Experimentierfreude, nimmermüder Widerspruchsgeist und das Bedürfnis nach Nervenkitzel so stark ausgeprägt wie im Jugendalter. Gleichzeitig sind die Anforderungen, die die Jahre mit sich bringen, extrem hoch: In der Schule wird Leistung verlangt, von den Eltern muss man sich absetzen, empfindliche Rückschläge, peinliche Niederlagen und schmerzhafte Zurückweisungen müssen verdaut werden. Auf der Suche nach dem Menschen, der man werden möchte, bieten sich Drogen als verlockende Mittel an – weil sie verboten sind, weil's die anderen auch machen, zum Abschalten oder just for fun. Auf den ersten Blick bestechend: stoned oder high, total zu oder ziemlich angetörnt, auf jeden Fall drauf zu sein erspart die Auseinandersetzung mit den Alltagsproblemen, unterstützt dabei, gleichgesinnte Freunde zu finden und macht die ewige Gängelei von Eltern, Lehrern oder Ausbildern erträglicher. Haschisch auszuprobieren ist heute so normal für heranwachsende Kinder wie das Testen von Bier und Zigaretten für ihre Eltern. Andererseits: Ist Haschisch nicht die Einstiegsdroge für Heroin? Macht Kiffen etwa nicht süchtig?

Für die allermeisten Jugendlichen ist der Konsum von Rauschmitteln eine Episode. Bis es zu einer Abhängigkeit kommt, müssen viele Dinge passieren. Sucht hat viele Bedeutungen, die wenigsten sind eindeutig in dem Sinn, dass eine Ursache immer eine bestimmte Wirkung nach sich zöge. Anders gesagt: Wenn ein Kind mal einen Joint mitraucht, muss das keine Katastrophe sein. Aber wer damit angefangen hat, kann nicht mir Sicherheit wissen, wie es weitergeht – ob er zu den 80 Prozent gehört, die damit auch wieder aufhören oder zu den 20 Prozent, die Konsummuster entwickeln, die sie ohne Unterstützung von außen nicht mehr aufgeben können. Da muss man genauer hinsehen, die Vorzeichen zu deuten versuchen und sich nicht scheuen, sofort einzugreifen, wenn Gewissheit sich einstellt – und sich früh Hilfe holen, auch wenn sich zunächst alles in einem gegen den Gedanken, das eigene Kind könne auf die schiefe Bahn geraten sein, sträubt.

Im Alltag mit größer werdenden Kindern triumphiert die hohe Kunst des Durchwurstelns. Alle Eltern schwanken zwischen dem Gefühl, schon eine ganze Menge und genau das Richtige zu tun – und dem Gefühl, alles verkehrt zu machen. Die Ansprüche sind hoch, das Ergebnis ungewiss. Ob aus den Kindern selbstbewusste, lebenstüchtige Menschen werden, lässt sich erst Jahre später erkennen. Wie es nach der ersten Zigarette, dem ersten Bier und dem ersten Joint, weitergeht, kann man nicht vorher wissen. Anders gesagt: Der Anfang und das Ende sind recht klar auszumachen – dazwischen ist alles möglich. Und das ist gut so, denn das genaue Hinschauen, die wachsame, nicht ängstliche Aufmerksamkeit der Eltern, erlaubt auch, beizeiten das Richtige zu tun.

Viele Eltern beschreiben ihre Empfinden angesichts des Drogengebrauchs ihres Kindes als eine Entwicklung, in der sich der Suchtstoff nach und nach immer stärker zwischen sie und ihr Kind schiebt. Verständigung, Austausch und Annäherung scheinen vorerst unmöglich – die unmittelbar Beteiligten sind Protagonisten zweier völlig verschiedener Stücke, die jetzt auf der Familienbühne gespielt werden. Wenn die Droge erst einmal im Mittelpunkt der Beziehungen zwischen Eltern und Kindern steht, kann das einen heimtückischen Kreislauf in Gang setzen, der die Beteiligten als Geisel nimmt: Das Spektrum der Gefühle füreinander schnurrt zusammen – auf der einen Seite unendliche Sorge, auf der anderen trotziges Aufbegehren. Die Gespräche zwischen Eltern und Kindern folgen dieser Entwicklung: „Es ging nur noch um's Kiffen und die Schule", sagt Jonas, der hier über die schwierige Zeit zu Hause berichtet. „Ich konnte an kaum etwas anderes denken", erinnert sich seine Mutter, Ute S., deren eigene Sicht der Dinge Jonas' Geschichte ergänzt. Die dritte Erzählung stammt von Brigitta R., einer Mutter, die, zunächst erschrocken über das veränderte Verhalten ihres Kindes, nicht wahrhaben will, dass Drogen die Ursache dafür sind. Im Bestreben, ihrem Sohn zu helfen, gerät sie selbst in den Strudel der Abhängigkeit und zieht Jahre später ein Resümee. Die leidvolle Erfahrung mit der Abhängigkeit ihres Kindes hat sie als die Herausforderung all ihrer Kräfte empfunden und zugleich als Chance, nach dem Sinn in ihrem eigenen Leben zu suchen: „Ich musste Abschied nehmen von dem verständlichen Wunsch aller Eltern, den Lebensweg der Kinder zu lenken und ihnen Leid und Irrwege ersparen zu können. Ich habe begriffen, dass die Elternrolle nur eine begrenzte Aufgabe in meinem eigenen Leben ist und dass ich mein Leben leben muss und darf, wie auch immer mein Kind sich entscheidet."

Drei Blicke auf die Wege und Umwege, von den Anfängen bis zur Gewöhnung, von Abhängigkeit und wiedererlangter Unabhängigkeit zeigt Biegungen, Wegkreuzungen, Abzweige, lange Geraden und abschüssige Kurven. Auf manchen Etappen ist es gut, einen Begleiter zu haben, auf anderen ist es hilfreich, wenn einer von außen dazustößt. Und manche Schritte muss man ganz alleine gehen.

Und so war das bei uns: drei Geschichten

Jonas: „Das ist alles nicht so, dass man damit nicht umgehen könnte, wenn man nicht wollte."

Beim Osterfeuer, im Wendland, mit etwa acht oder neun Jahren habe ich meine erste Zigarette geraucht oder mehr gepafft, so auf Pustebacke, und dabei gedacht: „Jetzt bin ich groß." Das denken Jugendliche überall, auf dem Land vielleicht besonders oft. Auch wenn sie erst sechs oder sieben sind, trinken sie Bier, obwohl es scheußlich schmeckt. Aber erst in der sechsten oder siebten Klasse habe ich richtig angefangen zu rauchen, auch Joints. Beim ersten Mal war es natürlich ganz anders als ich mir das vorgestellt habe. Gemerkt habe ich nichts. Mir war nur schwindelig und ein bisschen schlecht, aber wahrscheinlich eher vom Nikotin als vom Gras. Als ich in der siebten Klasse war, habe ich mit einer älteren Freundin dann regelmäßig geraucht, Zigaretten und Joints. Wir haben uns nach der Schule getroffen, das war gang und gäbe, und gekifft; bis zum neunten Schuljahr meistens Wasserpfeife. Das ist sparsamer, aber eigentlich auch zu stark in der Wirkung. Abends habe ich ein paar Züge genommen, und den Rest morgens vor der Schule durchgezogen. Mein Klassenlehrer wusste immer Bescheid. „Lasst euch bloß nicht erwischen", hat er uns gesagt, aber nicht mehr – das fand ich echt gut. In der 10. Klasse gab es dann auch Lehrer, die uns total zur Sau machen wollten. Der nicht, der hat früher auch gekifft. Unsere Kunstlehrerin auch, das waren eben Alt-68er, wir fanden gut, dass wir uns normal mit denen austauschen konnten, ohne den erhobenen Zeigefinger.

Meine Eltern haben das schon irgendwann mitgekriegt, wollten es aber lange Zeit nicht wahrhaben. Als ich noch in der siebten, achten Klasse war, habe ich immer versucht, das zu überdecken. Hab nur abends am offenen Fenster in meinem Zimmer geraucht, Räucherstäbchen angemacht und so. „Kiffst du denn?" haben sie immer gefragt. Und ich habe alles abgestritten. Das ging eine ganze Zeit so. Bis mit 16 etwa, da gab es eine „Freistunde", in der wir zu mir nach Hause gegangen sind und eine Tüte geraucht haben. Plötzlich stand mein Vater in der Tür, er war noch mal nach Hause gekommen, weil er etwas vergessen hatte, und da war Abstreiten natürlich zwecklos. Wir haben gesagt, wir haben eine Freistunde, Unterrichtsausfall eben, aber er hat in der Schule angerufen und dann wusste er natürlich, dass wir geschwänzt haben.

Klar habe ich erst heimlich geraucht, aber dann war es mir auch egal, sollen sie mich doch erwischen, habe ich gedacht. Es gab viele fruchtlose Diskussionen, als ich von der Schule abgehen wollte, haben sie Druck gemacht: „Wenn du die 10. Klasse schaffst, dann finanzieren wir dir die Reise und so." Später haben sie gesagt, dass sie mir eine Weltreise finanzieren wollen, wenn ich das Abitur mache. War mir aber egal.

Zuerst hieß es in diesen Diskussionen immer: „Kiffen läuft nicht." Dann habe ich mich umgehört und mal gesagt, andere Eltern kiffen sogar mit ihren Kindern zusammen. Das hat sie nicht beeindruckt. Dann habe ich mir gesagt, lass die mal quatschen und habe meine Joints auch im Zimmer geraucht. Später dann habe ich Pflanzen gezogen, das ist billiger und unterstützt auch nicht die falschen Leute, Dealer auf der Straße oder im Café eben – außer dem Elektrizitätswerk wegen der Lampen, weil die viel Strom brauchen. Da ist meine Mutter zur Erntezeit mal ausgeflippt und hat gesagt, das muss alles hier raus. Meine Freunde hat sie auch mal rausgeworfen, da bin ich eben gleich mitgegangen.

Eltern denken immer, Haschisch ist die Einstiegsdroge, aber das stimmt nicht. Die meisten bleiben dabei. Eher andersherum, wer Trips wirft, hat meistens auch vorher geraucht. Dann sind eher Zigaretten die Einstiegsdroge. Die Leute, die man über Haschisch kennenlernt, das ist das illegale. Man kann durchaus einmal alles durchprobieren und sehen, wie das ist, ohne bei Heroin zu landen. Wenn jetzt mein kleiner Bruder sagen würde, wie ist denn das mit dem Kiffen, würde ich ihm was von mir geben. Dann hätte er wenigstens guten Stoff und müsste nichts von der Straße holen. Ich kann schon nachvollziehen, dass meine Ma Panik hatte, aber es wäre besser gewesen, einfach nur normal darüber zu reden, ohne den erhobenen Zeigefinger eben. Ich hab dann gedacht, wenn ihr meint, ihr müsst da so'n Stress machen, gehe ich halt woanders hin zum Rauchen.

Wir waren zu der Zeit fünf, sechs Leute. Wir haben unser Taschengeld zusammengelegt, und in bestimmten Cafés kann man das Zeug hier kaufen. Manchmal war dann das Café geschlossen, dann sind wir die Goltzstraße auf und ab gegangen und haben Leute angesprochen, die danach aussehen, dass sie was verkaufen.

Ich habe das auch unter Kontrolle. Ein, zwei Tage ohne Tüte ist okay, aber länger nicht. Wenn ich den ganzen Tag zu tun habe, dann abends ein Bierchen trinke und ein Tütchen zum Abspannen rauche, ist das in Ordnung. Aber wenn ich jetzt den ganzen Tag lang nichts zu tun hätte, würde ich vielleicht auch dauernd zugedröhnt sein.

Ich kenne auch Typen, die sich nur noch wegdröhnen. Einer aus meiner Schule. Wenn man sich jeden Tag zudröhnt, ist man bald weg vom Fenster. Der hat auch richtige Psychosen gehabt, aber von Trips und Pillen. Er war mal bei mir im Zimmer und fragte mich, ob er von dem Orangensaft trinken könnte. Nimm dir, habe ich gesagt und er hat dann einen Schluck im Mund so herumgespült und gesagt, er hat eine Spinne im Mund. Das hat er wirklich gedacht!

In der Clique haben wir immer darüber gesprochen, wie es war. „Einmal im halben Jahr einen Trip werfen, ist nicht so wild", hat eine Freundin gesagt, „aber wenn du das häufiger machst, kannst du drauf hängen bleiben." Eigentlich hat keiner von uns alleine Trips probiert. Wir waren immer zusammen und einer, der nichts genommen hat, hat aufgepasst. Wenn man mit Leuten zusammen ist, die ständig Trips einwerfen und immer sagen: Los, lass uns heute was einwerfen, dann sind das eben die falschen Leute für so etwas.

Gut ist, wenn man eine neutrale Person zum Reden hat, die sagt, das mit dem Stoff ist so und so, aber keine Panikmache veranstaltet. Wie der Lehrer damals. Eltern können das wohl nicht so gut. „Hast du nicht Angst, dass dir jemand was in den Drink schmeißt?", hat meine Ma damals gefragt. Viele Eltern denken, da wird jetzt ihr braver Sohn verführt und sie glauben, Dope macht genauso krass abhängig wie Heroin.

Dass ich XTC auch versucht habe, würde ich Ma nicht auf die Nase binden, die würde nur Panik schieben. Ich habe das Gefühl, dass die mir gar nicht zutrauen, damit vernünftig umzugehen, weil sie sowieso meinen, dass es keinen vernünftigen Umgang damit gibt, außer ganz aufzuhören. Wenn die ihre zwei Flaschen Wein trinken abends, ist das eigentlich nichts anderes, als wenn ich abends eine Tüte rauche. Aber Kiffen und Alkohol kann man eh nicht vergleichen. Wenn ich mir hier zehn Gramm reinziehen würde, würde ich höchstens einschlafen. Und wenn ich zwei Flaschen Wein trinke, gehe ich vielleicht runter und hau jemandem was auf den Kopf. Außerdem kann man vom Trinken eine Alkoholvergiftung kriegen, aber nach zu vielen Joints muss man höchstens kotzen. Eltern wollen sich in ihren Weinkonsum auch nicht reinreden lasse, wir sind 30 Jahre älter, sagen sie und: „Bei uns ist das sowieso etwas anderes." Klar haben sie mehr Lebenserfahrung, aber ob das bedeutet, dass

30

man deshalb auch automatisch besser mit Drogen umgehen kann, ist doch echt die Frage.

Cannabis, das ist mein Ding und meine Entscheidung. Ich bin alt genug. Außerdem lehnen wir uns ja auch gegen was auf. Cannabis ist eben unsere Droge, aber nicht als Einstiegsdroge.

Ich habe damals in meinem Zimmer gelebt wie in einer eigenen Wohnung. Der Flur war halt der Weg, dahin zu kommen. Und irgendwann hatte ich überhaupt keinen Bock mehr auf ein gemeinsames Abendessen. Da ging es nur noch ums Kiffen oder die Schule, nie um mein eigenes Ich. Nie haben sie mal gefragt, wie's mir sonst so geht. Hätte ich gewusst, da kommt mal 'ne vernünftige Reaktion, hätte ich auch mal andere Probleme von mir angesprochen, die nichts mit Kiffen oder Schule zu tun haben. Wir hatten einfach keine Kommunikationsebene mehr, außer Drogen und Schule, ist doch ätzend. Vor acht Monaten bin ich ausgezogen. Jetzt sehen wir uns nur, wenn wir uns sehen wollen. Das ist auch gut so, wir verstehen uns besser.

Die Schule habe ich nach der Hälfte der 11. Klasse, die ich wiederholen sollte, abgebrochen. Ich weiß nicht, ob das mit dem Kiffen zu tun hat. Jedenfalls kriegt man das von den Eltern ja immer gesagt. Ich weiß nicht, man sieht sich selbst ja nicht von außen. Aber wenn ich mich mit den anderen in meinem Jahrgang vergleiche, die auch kiffen – die schreiben jetzt Abiturarbeiten und dann kiffen sie halt etwas weniger. Das geht auch. So viele Unterschiede zu mir sehe ich da nicht. Ganz krasse Veränderungen in der Persönlichkeit sehe ich eher bei denen, die Pilze essen oder Trips werfen.

Das mit dem Gruppenzwang ist doch auch nur ein Witz. Das gilt vielleicht für die 12-, 13-Jährigen, aber später doch nicht mehr! Bei uns hat immer einer aufgepasst, besonders, wenn jemand zum ersten Mal auf Trip war, oder wir haben gesagt, nee, nicht schon wieder'n E oder Koks oder Speed, lass mal ein paar Monate verstreichen. Das Schlimmste ist, wenn du irgendwo alleine auf Trip bist. Ist mir einmal zu Hause passiert. Ich saß beim Abendessen und habe nur gedacht, hoffentlich merken die 's nicht. War furchtbar. Als meine Mutter sich dann zu mir runterbeugte und sagte, Jonas, du glühst ja, was ist denn los, da dachte ich nur, oh, geh bloß weg und komm mir nicht mehr zu nahe. Furchtbar.

Das ist so eine Sache mit den Drogen. Wenn man das nicht zu extrem macht, ist das doch viel harmloser als immer alle sagen. Das ist alles nicht so, dass man damit nicht umgehen könnte, wenn man nicht wollte. Auch bei Trips ist irgendwann der Spaß weg – der 15. ist wie der 20., da gibt es keine Steigerung mehr. Heroin ist krass, damit kann man nicht umgehen, weil es so sehr schnell in die körperliche Abhängigkeit reingeht. Meine Erfahrungen mit der Wasserpfeife waren auch so: Am Anfang war das zuviel und ich konnte abends nicht schlafen. Dann habe ich reduziert und es ging, genauso wie beim Bier auch: nach dem zehnten ist bei mir Schluss, das weiß ich genau. Bei Drogen ist das sogar manchmal einfacher: Bei Alk sagt niemand, „Schluss jetzt!" Wenn man in der Kneipe sitzt, bestellt man eben noch einen Schnaps. Das ist bei den Pillen und den ganzen anderen Sachen klarer, von vornherein: jeder kriegt eine und niemand rast dann los, um noch mehr zu klären.

Ich glaube, Eltern sollten mal mitkiffen und gucken wie es ist und dann offen darüber reden. Meine Eltern hätten das nie gemacht, sie sind auch gar nicht der Typ dafür. Aber Eltern sollten vom Klischee wegkommen, der erste Joint geht gleich weiter zum Heroin. Keine Panik mit erhobenem Zeigefinger, sie sollten so wie über Sex darüber reden, Aufklärung meine ich. Auch relativ früh, bevor was ist. Etwa so: „Kann ja sein, dass du schon mal einen Joint

ausprobiert hast", und dann mal einfach fragen, wie es
war. Dann kann man auch über Regeln reden, also nur am
Wochenende und nicht vor der Schule und so. Das fände
ich gut.

**Ute, Jonas' Mutter: „Irgendwie war es ein ziemlicher
Eiertanz, wir hatten keine klare Linie."**

Als ich zum ersten Mal den typischen süßlichen Duft
bemerkte, der durch die (damals meist geschlossene Tür)
von Jonas' „Kinderzimmer", drang, war ich erschrocken,
aber nicht eigentlich überrascht. Eher war es wie ein Aha-
Erlebnis: Jetzt ist es also auch bei uns soweit. Es gab Vorzeichen, keines davon war dramatisch, jedenfalls schien es
uns nicht so, aber eines kam zum anderen ...

Ich weiß nicht mehr genau, wie es anfing. Jedenfalls ging
es los, als Jonas zur Oberschule wechselte. Auf den Fotos vor
den Sommerferien hat er noch kurzes Haar und ist gut einen
Kopf kleiner als ich – im nächsten Frühjahr sind die Haare
lang und zu Rastalocken gedreht. Jonas überragt mich ein
ganzes Stück – und auf seiner Schulter sitzt eine weiße
Ratte. Nicht nur körperlich wuchs uns Jonas in der Zeit über
den Kopf. Fast täglich gab es Auseinandersetzungen um
Freiräume und Grenzen: wie lange darf er abends wegbleiben
(die anderen durften natürlich immer länger ...), wie oft und
wann darf Jonas bei Freunden übernachten, wie oft und
wann seine Freunde (und Freundinnen!) bei uns ... Typisch
Pubertät eben. Ich weiß noch, dass ich ziemlich entsetzt
war, als Jonas eines Tages verkündete, sich Ohrlöcher ste-
chen zu lassen. Wie haben wir darüber gestritten und wie
froh war ich, als das Thema vom Tisch war. (Heute lachen
wir darüber, zwei Jahre später ging es um Piercing ...)

Die weiße Ratte war eines Tages einfach da. Als ich sie
entdeckte, hatte sie schon einige Zeit als blinder Passagier
in Jonas' Zimmer gelebt. Weiße Ratten waren damals „in"

33

bei bestimmten Jugendlichen, die ich nicht allzu sympathisch fand. Andererseits war der Meerschweinchenkäfig gerade verwaist, und was war gegen ein neues Haustier einzuwenden? Bei den Rastalocken klingelten die Alarmglocken, vor allem, als Jonas anfing, sich für die Hasch-Ikone Bob Marley zu begeistern. Ich dachte an meine eigenen Kindheit und daran, dass meine Eltern auch immer (vergeblich) an meinen Haaren herumgekrittelt hatten. („Was werden die Nachbarn sagen …") Ich wollte Jonas nicht reinreden, fand, dass seine Haare seine Privatangelegenheit waren. Dass es an der Oberschule, die Jonas besuchte, ein „Drogenproblem" gab, wussten wir. Das hatten wir aber auch von anderen Schulen gehört, und wir fanden es gut, dass an Jonas' Schule wenigstens offen damit umgegangen wurde.

Mein erster Impuls beim „ersten Mal" war, gleich die Tür aufzureißen und Jonas wegen der Haschwolken zur Rede zu stellen. Andererseits wollte ich nicht als hysterische, überbesorgte Mutter erscheinen, die hinter der Tür steht und schnüffelt. Irgendwie hoffte ich wohl auch, dass ich mich geirrt hätte und der Duft von den Räucherstäbchen käme, die zu der Zeit auch sehr beliebt waren. Das Gespräch beim Abendessen verlief vermutlich wie viele davor und danach: Wir äußerten unsere Ängste und Befürchtungen, Jonas beschwichtigte uns, erwies sich als gut informiert: Haschisch sei weniger schädlich als Zigaretten, die ich ja schließlich auch rauchte. Nicht Haschisch sei das Problem, sondern Alkohol, und der sei schließlich in unserer Gesellschaft akzeptiert. Und von unserem Glas Wein am Abend würden wir ja schließlich auch nicht süchtig. Ich habe nicht überlegt, wegen Jonas mit dem Rauchen aufzuhören. Beim Thema Drogen ging es uns eigentlich nicht um die Frage der Gesundheit, sondern um die Bewusstseinsveränderung. Deshalb kann man die Zigaretten vielleicht mal draußen lassen, vergleichbar wären eher Haschisch und Alkohol. Da war unsere Argumentation eher so: Wir sind erwachsen, haben unsere Schule, Studium und Ausbildung gemacht. Wenn wir mal was trinken, wissen wir, wie viel wir trinken können, um trotzdem am nächsten Tag zur Arbeit gehen zu können. Ich hatte mit Rauchen und Alkohol erst angefangen, als ich schon studierte. Jonas war mir dazu einfach noch zu jung.

Ein zu einem Elternabend geladener Drogenberater (Jonas war nicht der einzige in der Klasse, der kiffte), bescheinigte uns: Eltern, die rauchten und Alkohol tränken, hätten bei ihren Jugendlichen einen schlechten Stand. Das Argument schien mir schlagend! Und hat mir Schuldgefühle gemacht, und ein Gefühl von Resignation hat sich ausgebreitet nach der Art: „Ich bin kein gutes Vorbild, und jetzt ist es sowieso zu spät ..." Beim anschließenden Gespräch in der Kneipe erzählten uns einige Eltern, dass sie mit ihren Jugendlichen zusammen ab und zu einen Joint rauchten – dann wisse man schließlich, dass der Stoff auch gut sei. Für mich kam das nicht in Frage – meine erste Kiff-Erfahrung war ein ziemlicher Horrortrip. Ich war um die zwanzig, hatte vermutlich so viel Angst, dass ich gar nicht richtig inhaliert und folglich auch keine Wirkung verspürt habe. Aber ein Freund, der mit uns zusammen gekifft hat, ist ziemlich ausgeflippt, hat seine Freundin bedroht, Bücherregale umgekippt und eine Handtasche durchs Fenster geworfen. Wir haben noch mitten in der Nacht einen Arzt geholt, weil wir Angst hatten, dass ihm etwas passiert. Danach war für mich das Kiffen gestorben. Soweit ich weiß, habe ich Jonas diese Geschichte auch erzählt. Hat ihn aber nicht sonderlich beeindruckt.

Andere Eltern haben auch überlegt, ob sie das Taschengeld, von dem die Kinder den Stoff schließlich finanzieren, nicht einfach kürzen sollen. Das wollten wir nicht. Grundsatz war ja immer, dass Jonas, schon als er noch klein war, über sein Taschengeld frei verfügen können sollte, also Süßigkeiten oder irgendwelchen Plastikschrott kaufen. Von diesem Grundsatz wollte ich nicht abgehen. Außerdem hatte ich auch Angst, dass er vielleicht irgendwelche krummen Dinge macht, um an Geld oder Stoff zu kommen und anfängt zu dealen oder zu klauen.

Ein paar Wochen später fuhr ich mit Jonas und seinem Freund Uwe in ein kleines Dorf aufs Land. Ich hatte mich auf ein Wochenende in der Natur gefreut, an dem Kiffen mal nicht Thema wäre. Abends saßen mir drei Knaben mit glasigen Augen gegenüber – natürlich wissen Jugendliche auch im kleinsten Dorf Niedersachsens, wie man an Stoff herankommen kann! Wieder ein Gespräch, wieder Vorwürfe und Ermahnungen, wieder Abwiegeln von Seiten der Jugendlichen. Meine Gefühle in dieser Zeit waren gemischt: Verständnis dafür, dass Jugendliche manches ausprobieren, dass sie nur so lernen, sich selbst zu regulieren; Angst, dass aus dem Kiffen einmal mehr werden könnte; Resignation, weil man doch nicht alles verhindern, ein Kind nicht überall und immer kontrollieren kann und Vertrauen, dass Jonas diese Zeit wie die meisten anderen unbeschadet übersteht. Wir lavierten zwischen Dulden und Verbieten. Irgendwann fing Jonas an, zarte grüne Pflänzchen in seinem Zimmer zu ziehen – Haschisch für den Eigenbedarf. „Wenn ich das nicht darf, mache ich es bei Uwe zu Hause."

Ich habe mich in dieser Zeit ziemlich überfordert und allein gefühlt. Weil ich immer diejenige war, die mit dem Kiffen konfrontiert war, wenn ich von der Arbeit nach Hause kam, weil ich dann immer reagieren musste. Mein Mann war nachmittags noch nicht zu Hause. Trotzdem haben wir uns bemüht, eine Linie zu finden. Anfang haben wir auf Abstinenz bestanden, später haben wir's mit Regeln versucht, beispielsweise Kiffen nur am Wochenende. Das Problem war die Kontrolle: Jonas konnte ja auch bei

Freunden kiffen, manchmal kamen sie aber auch schon direkt nach der Schule zu uns nach Hause, wenn ich noch bei der Arbeit war. Und wenn Jonas trotzdem gekifft hat, ist außer Zetern und Palavern nie etwas passiert. Doch: Einmal habe ich seine Freunde rausgeworfen – und Jonas ist gleich mitgegangen, was mir dann auch wieder Angst gemacht hat. Überhaupt die Angst: Ich hatte ziemliche Panik vor dem Zeug und habe Jonas deshalb nicht zugetraut, vernünftig damit umzugehen.

Haschisch als Einstiegsdroge – das war mein Informationsstand. Ich habe Jonas immer so eingeschätzt, dass er sehr neugierig ist und gerne etwas ausprobiert.

Es kam alles so, wie wir es befürchtet hatten: Jonas brachte die ersten Fünfen nach Hause, die ersten Meldungen über unentschuldigt versäumte Schulstunden kamen ... Alles typisch für die neunte Klasse, sagten uns Eltern, die das alles schon hinter sich hatten. Das würde sich wieder geben. Gab es aber nicht. Jonas sackte in der Schule immer mehr ab, die Leistungen verschlechterten sich, morgens hatte ich große Mühe, ihn zur Schule anzutreiben, manchmal ging er zwar aus dem Haus, aber nicht zur Schule. Das war die Zeit der fruchtlosen Gespräche – wie die Kaninchen auf die Schlange haben wir immer nur darauf geguckt, wie es in der Schule läuft, und je schlechter es lief, desto mehr Vorwürfe haben wir Jonas gemacht. Bei jedem Abendessen ging es nur darum. Teilweise haben mein Mann und ich dann noch Streit bekommen, weil ich es schrecklich fand, ausgerechnet beim Abendessen über die Schule und die Drogen zu reden und mein Mann das Gefühl hatte, ich falle ihm in den Rücken. Ich glaube, er hat weniger Gefühle von Versagen und Schuld gehabt und sich auch weniger Vorwürfe gemacht als ich. Ich habe mir vorgeworfen, anfangs insgesamt zu liberal gewesen zu sein, geglaubt zu haben, dass Jonas sich selbst reguliert. Dann, als ich das Gefühl hatte, es klappt nicht, war ich wiederum zu panisch. Irgendwie war es ein ziemlicher Eiertanz, wir hatten keine klare Linie. Wir haben uns mit anderen Eltern getroffen und unsere Sorgen, Ängste und Erfahrungen ausgetauscht. Ein Ergebnis war, den Drogenberater auf den Elternabend einzuladen. Heute denke ich, wir hätten uns richtig individuell fachliche Unterstützung holen sollen bei einem Elternkreis etwa.

Jonas schaffte zwar noch mit Hängen und Würgen den Übergang in die 11. Klasse, dann war es aber vorbei. Jonas hat sich, sobald er 18 und damit volljährig wurde, mitten im Schuljahr von der Schule abgemeldet. War das Kiffen schuld? Ich glaube ja, obwohl sein Freund Uwe und andere, die das auch tun, noch weiter zur Schule gehen. Inzwischen ist Jonas ausgezogen, jobbt mal hier, mal da und wird demnächst Zivildienst leisten. Und dann hoffentlich eine Ausbildung machen.

Unser zweiter Sohn ist jetzt 14 geworden. Ich hoffe, ich werde weniger panisch und dafür klarer sein: mehr darauf dringen, dass es Regeln gibt fürs Rauchen und Kiffen – und dann aber auch sehr viel konsequenter darauf dringen, dass sie auch eingehalten werden! Auch wenn ich damit insgesamt ziemliche Schwierigkeiten habe.

Sein T-Shirt roch neulich nach Zigaretten. Die zweite Runde beginnt.

Brigitta R.: „Wie es ist, einen Süchtigen in der Familie zu haben, weiß nur jemand, der es selbst erlebt hat."

Zuerst wollte ich es nicht wahrhaben. Ich dachte an die bekannten Flegeljahre, an die Pubertätsschwierigkeiten, in denen es normal ist, dass Jugendliche frech und aufsässig oder verschlossen und mürrisch sind und die Maßstäbe der Gleichaltrigen für ihre Gefühle und Taten wichtiger werden als das Elternhaus. Als dann die Reaktionen meines Sohnes immer unverständlicher wurden, seine Verhaltensweisen, seine Interessen, seine Leistungen in der Schule, sein Äußeres und sein Freundeskreis sich total veränderten, als er abends nicht mehr nach Hause und morgens nicht aus dem Bett kam, als der früher so offene Blick unstet und fahrig wurde, begann ich Verdacht zu schöpfen. Ich stellte Fragen, erhielt ausweichende Antworten, suchte nach Beweisen im Chaos seines Zimmers. Und dann wurde es zur Gewissheit: Mein Kind nimmt Drogen! Wieder spreche ich mit ihm, lasse mich beschwichtigen: „Mach dir keine Sorgen, ich habe das total im Griff!" – das hörte ich nur allzu gerne. Aber gleichzeitig stehen mir all die Schreckensbilder vor Augen, die man so aus den Medien kennt. Und im Gefolge kommen die quälenden Fragen, ob ich da versagt habe in meiner Erziehung: Habe ich mich zu wenig gekümmert oder zu viel? Warum muss er sich betäuben, vor was läuft er davon?

Drogensüchtige gibt es nur bei Asozialen oder in gestörten Elternhäusern – diese in der Gesellschaft kursierenden Vorurteile bringen mich dazu, unter allen Umständen zu verhindern, dass jemand davon erfährt. So bin ich hin und her gerissen zwischen dem Gefühl der Verantwortung und der eigenen Schuld und der völligen Hilflosigkeit. In stunden- und nächtelangen Gesprächen versuche ich, meinen Sohn zu überreden, von den Drogen zu lassen. Ich führe ihm vor Augen, wie sich sein Gesundheitszustand verschlechtert, seine Schulleistungen sinken, dass er abhängig werden könnte oder schon ist. Ich versuche alles zu tun, um ihn zu retten, räume ihm alle Schwierigkeiten aus dem Weg, um ihn nicht noch mehr zu belasten, suche nach Schuldigen für sein Verhalten: den schlechten Freund, den ungerechten Lehrer, den bösen Dealer und werde so erpressbar für die unersättlichen Forderungen des Süchtigen, der meine Hilfe genauso konsumiert wie seine Drogen. Inzwischen ist er längst umgestiegen von Haschisch auf LSD und Heroin, die Spritzen und die angekohlten Löffel sprechen eine deutliche Sprache. Und wieder benutze ich all meine Überzeugungskünste, höre mir seine Versprechungen an: „Morgen höre ich bestimmt auf, aber heute brauche ich dringend Geld für den Dealer, der wartet mit 'nem Messer auf mich!" Ich lasse mich erpressen und weiß doch zugleich, dass er mich wieder gelinkt hat. Inzwischen wächst die Angst in mir, nachts kann ich nicht schlafen, horche, ob und in welchem Zustand er nach Hause kommt – und wenn er nicht kommt ...?"

Und wieder fehlt Geld, vermisse ich Schmuck, Silber, Fotoapparat, ja selbst die Blockflöte und die Skistiefel des Bruders, das Portemonnaie der Oma, die ja von alldem nichts ahnt. Wieder folgen reuevolle Versprechungen, der Versuch des Entzuges, den er mit bewundernswerter Energie zu Hause schafft, drei, vier Tage, um am fünften Tag wieder loszuziehen. So geht das Monat um Monat. Zwischen Hoffen und Verzweifeln, Strenge und Nachgiebigkeit schwanke ich, gerate in völlige Abhängigkeit von dem jeweiligen Befinden meines Sohnes, bin der Spielball seiner erpresserischen Wünsche. Die Bedürfnisse der anderen Familienmitglieder oder gar meine eigenen nehme ich überhaupt nicht mehr wahr. Ich bin am Ende meiner Kraft. Und doch lebt in mir ein unerschütterlicher, trotziger Glaube an seinen Lebenswillen, an eine Kraft in ihm, die die Abhängigkeit überwinden will.

Jetzt bin ich bereit, nicht mehr nach außen zu schweigen, sondern mir Hilfe zu suchen für mich, damit ich besser mit dem Problem umgehen kann. Ich erfahre, dass es einen Elternkreis gibt und gehe dorthin. Hier finde ich Gleichbetroffene, höre von deren Erfahrungen, fühle mich plötzlich nicht mehr allein und ausgestoßen. Ich empfange Wärme und Verständnis und lerne, was Sucht bedeutet und dass ich den Süchtigen nicht ändern kann, wohl aber mein eigenes Verhalten. Im ständigen Gespräch mit anderen Eltern erhalte ich durch deren Erfahrungen mit ähnlichen

40

Krisen ein vielfältiges Angebot an denkbaren Verhaltensweisen. Langsam werde ich wieder fähig zu eigenen Entscheidungen. Ich erkenne, wie sehr ich, immer im Bestreben, mein Kind zu retten, nur zum Helfershelfer der Sucht geworden bin. Meine Überfürsorge hat meinen Sohn immer unselbständiger gemacht und in zusätzliche Abhängigkeit von mir gebracht. Meine Angst um ihn und um sein Leben ließ ihn immer weiter flüchten vor diesem Leben. Plötzlich öffnet sich mein Blick für seine eigenen vitalen Fähigkeiten, und ich kann ihm vermitteln, dass ich an seinen Wert glaube und an seine Lebenskraft. Ich kann meine Angst bezwingen, ihn aus meiner Umklammerung loslassen und ihm die Verantwortung für sein Leben übertragen.

So sah sich mein Sohn gezwungen, für sich selbst einzustehen. Langsam begann auch er umzudenken; bislang hatte er immer die Schuld für seinen Drogenmissbrauch mir zugeschoben, und ich hatte sie willig auf meine Schultern genommen. Nun war das nicht mehr möglich. Er erkannte, dass er selbst etwas tun musste, wenn er aus dem Elend herauswollte. Er suchte seinen Weg, er war noch lang und dornenreich, aber er fand ihn: den Weg in ein freies, unabhängiges Leben.

3. Kapitel:
Cannabis, Ecstasy, Heroin, und Kokain

Drogen, seit eh und je ein Mittel zum Zweck

Sie galten zu früheren Zeiten überwiegend als Heilmittel, meist pflanzlicher Herkunft. Heute versteht man unter Drogen alle Arten von Rauschmitteln – Stoffe, die Menschen zu sich nehmen, um ihr zentrales Nervensystem zu beeinflussen. Drogen werden geschluckt, geschnupft, gespritzt, inhaliert oder getrunken; sie greifen in die physiologischen Abläufe des Körpers ein und verändern die Wahrnehmung, die Stimmung, die Gefühle und Handlungen von Menschen. Diese psychoaktiven Substanzen gehören seit Jahrtausenden zu unserer Kultur und werden aus den unterschiedlichsten Gründen eingenommen: Drogen können das Wohlbefinden steigern, Hemmungen lösen, das Lebensgefühl intensivieren und ganz außerordentliche Sensationen der Sinne ermöglichen. Sie können aber auch dazu dienen, Lebensprobleme erträglicher zu machen, Belastungsempfindungen zu schmälern, Schwierigkeiten und Anforderungen aus dem Weg zu gehen. Drogen manipulieren das Empfinden, aber nicht die wirkliche Welt: sie können, wenn sie als Vehikel der Flucht aus dem Alltag eingesetzt werden, eine Lösung für verschiedene Krisen nur vorgaukeln – und, am Ende, wenn der Gebrauch der Droge körperlich und seelisch außer Kontrolle geraten ist, zu dem Problem werden, als dessen Lösung er sich ausgegeben hat.

Drogenkonsum ist ein Mittel zum Zweck der Lebensgestaltung – in der Art, wie ein Mensch Stoffe zu sich nimmt, spiegelt sich ein prekäres Gleichgewicht: So kann etwa der Tabak- und Alkoholgenuss dazu beitragen, die eigene Gesundheitsbilanz auszugleichen: Das eine Glas Rotwein am Abend entspannt, auch der Joint in geselliger Runde lockert die Stimmung, die Zigarettenpause verspricht ein kurzes Verschnaufen. Diese Substanzen wirken als anregende und beruhigende Mittel, die seelische Bewältigungskapazitäten als Puffer in Belastungssituationen stabilisieren können. Die gleichen Substanzen bergen aber hohe Gefahren für die Gesundheit; sie sind ein Risiko im körperlich-seelischen Bereich und können sich bei regelmäßigen Gebrauch verselbständigen. Drogen können also für Genuss stehen, aber sie können auch zu einem riskanten Hilfsmittel in der eigenen Lebensbewältigung werden – gefährlich deshalb, weil der Konsum körperlich und seelisch in eine Abhängigkeit führen kann und dabei genau die Kräfte und Fähigkeiten blockiert, die eine wirkliche Bewältigung belastender Situationen ermöglichen.

In unserem Sprachgebrauch haben wir uns daran gewöhnt, mit dem Begriff Drogen vor allem illegale Stoffe zu bezeichnen. Viel spricht dafür, auch unsere legalen Genussmittel unter den Begriff der Droge zu fassen. Die Devise „Alkohol ja, Drogen nein" ist irreführend. Schnaps, Bier und Wein, Zigaretten, Schlaf- und Aufputschmittel stehen in ihrer Gefährlichkeit den illegalen Drogen nicht nach. Sie können genauso in die Abhängigkeit führen und beträchtliche Gesundheitsschäden verursachen wie Heroin, Cannabis, Ecstasy, Kokain. Die Unterscheidung in legale und illegale Stoffe führte das Betäubungsmittelgesetz von 1920 in Deutschland ein. Es bestimmt lediglich, welche Stoffe nicht frei gehandelt werden dürfen und keineswegs, welche Stoffe gefährlich sind. Koffein, Nikotin, Alkohol und Medikamente sind Drogen, die heute zwar in fast allen Industrieländern legal und das heißt, kulturell und sozial akzeptiert sind. Die meisten dieser Substanzen waren zu früheren Zeiten vorübergehend illegal und viele der heute illegalen Stoffe waren einst selbstverständlicher Bestandteil religiöser Zeremonien oder medizinischer Behandlungen.

Mensch, Milieu und Mittel

Von ein-, zweimal Probieren allein wird niemand süchtig. Abhängigkeit entsteht in einem bestimmten Lebenskontext, im Zusammenspiel von eigenen Voraussetzungen, Vorgaben des sozialen Milieus und belastenden Ereignissen. Sucht entwickelt sich allmählich und stellt sich über einen längeren Zeitraum ein. Ob es zu einer Abhängigkeit kommt, bestimmt das Wechselspiel zwischen der Person, ihrer Umwelt und der Art der Droge. Der Gebrauch und Missbrauch von Drogen findet in einem Geflecht von vielfältigen Umständen statt, die der Konsument nicht allein bestimmen kann. Konsum und Genuss führen nicht zwangsläufig zur Abhängigkeit. Die Spanne der Motive reicht von der souveränen Entscheidung, mit Hilfe von Drogen die Lebensfreude zu erhöhen bis zum verkrampften Versuch, eigenen Problemen im Lebensalltag auszuweichen und der konsequenten Bewältigung von Schwierigkeiten aus dem Weg zu gehen. Die klare Trennung zwischen Gebrauch und Missbrauch – es gibt sie nicht. Vom gelegentlichen Konsum über den regelmäßigen Gebrauch bis zum gesundheitsgefährdenden Konsum zur Sucht und Abhängigkeit reicht das Spektrum: Die Übergänge fließen und sind für den Konsumenten selbst nicht ohne weiteres erkennbar.

Wie Drogen wirken

Warum einige Menschen zur Flasche greifen, andere Pillen einwerfen oder manche an der Nadel hängen, ist letztlich nicht vollständig geklärt. In den Unwägbarkeiten der Gratwanderung zwischen Gebrauch und Missbrauch, aber auch angesichts des riesigen Angebots an psychoaktiven Substanzen, die noch nie so vielfältig und intensiv wie heute zur Verfügung standen, wirft das Wissen um die Wirkung einzelner Stoffe Schlaglichter auf die Beweggründe der Entscheidung für eine Droge und hilft, Risiken abzuschätzen. Gemeinsam ist allen Drogen die Veränderung des Befindens, das sich die Konsumenten von der Einnahme erhoffen.

Manche Stoffe wie Heroin, Opium, Morphium rufen Euphorie und Glücksgefühle hervor. Alkohol, Schlaf- und Beruhigungsmittel dämpfen die Wahrnehmungsfähigkeit. Andere wiederum putschen auf, steigern die Erlebnisfähigkeit und bringen den Körper auf Hochtouren wie zum Beispiel Kokain und Ecstasy. LSD und Cannabisprodukte verändern die optischen und akustischen Sinneseindrücke. Neben den Merkmalen der Substanzen beeinflussen aber auch Dosis, Dauer und aktuelle Gefühlslagen die Wirkung der Droge. Auch erzeugen nicht alle Substanzen in gleicher Weise körperliche und seelische Abhängigkeit. Ein Stoff wie Kokain, der „nur" seelisch abhängig macht, ist keinesfalls harmlos. Im Gegenteil: Die Behandlung der seelischen Abhängigkeit ist langwierig und schwierig, körperliche Abhängigkeit dagegen ist häufig schon nach wenigen Wochen überwunden.

Illegale Substanzen und ihre Wirkung
Cannabis: Haschisch und Marihuana

Das gereinigte Harz der indischen Cannabispflanze liefert den Grundstoff für Haschisch, in der Szene auch Shit oder Dope genannt. Wirkstoff ist das Tetrahydrocannabinol (THC), das halluzinogene Wirkung entfaltet. Vom THC-Gehalt des Pieces hängt die Stärke des Rausches ab. Den höchsten THC-Gehalt hat das Haschischöl – ein flüssiges Cannabiskonzentrat. Aus den getrockneten und zerkleinerten Blättern, Blüten und Stängeln der Pflanze wird Marihuana (Gras) gewonnen. Zu erdfarbenen, manchmal olivgrünen oder rötlichen Platten oder Klumpen gepresst, aber auch als Pulver oder Krümel wird Haschisch gehandelt. Man raucht es mit Tabak vermischt im Joint oder pur in einer Pfeife, trinkt es aufgelöst im Tee oder isst es im Gebäck. Haschisch wirkt rund fünfmal stärker als Marihuana, Haschischöl sogar doppelt so stark wie Haschisch. Marihuana, das Gras-Gemisch, riecht harzartig, stark würzig wie Heu.

Cannabisprodukte wirken verschieden, weil sie die jeweilige Stimmungslage des Konsumenten verstärken. Aus Fröhlichkeit wird Euphorie, Niedergeschlagenheit kann in depressive Stimmungen abgleiten. Unter Einfluss des THC ändert sich die Empfänglichkeit für sinnliche Reize: Töne werden gefühlt, Farben werden geschmeckt. Das Bewusstsein geht nach innen – die innere Welt wächst, das Gefühl für Raum und Zeit verändert sich. Die Droge breitet sich über das Gehirn, über das Herz-Kreislauf-System bis zur Muskulatur aus. Unerfahrene erleben oft Übelkeit und Erbrechen. Am Anfang kann es zu Angstgefühlen, depressiven Stimmungen und Ruhelosigkeit kommen, auf die das Gefühl der Schwerelosigkeit folgt. Aber auch mit unmotivierten Lachanfällen und Kichern kann sich der Rausch ankündigen. Typisch ist der spätere Wechsel zu Passivität und verringerter Ansprechbarkeit. Jeder ist in sich gekehrt und döst vor sich hin. Abrupte Stimmungsschwankungen begleiten die Wirkung der Droge, die einige Stunden lang anhalten kann. Am Ende folgen Müdigkeit, Apathie, und Antriebsverlust, die oft noch am nächsten Tag andauern. Hohe Dosen können Halluzinationen auslösen, die sich zu Angst- und Panikzuständen steigern können. Eher selten erlebt der Konsument ein Flashback – eine Art Nachrausch, der lange nach dem Drogenkonsum eintreten kann: Der Körper speichert THC; der Wirkstoff lagert sich in Leber, Lunge, Milz und Fettgewebe ab.

Wer längere Zeit Cannabisprodukte konsumiert, geht die Gefahr psychischer Abhängigkeit ein. Ebenso zählen Depressionen oder sogar Psychosen zu den möglichen Folgen. Die Konzentrations- und Leistungsfähigkeit lässt nach, chronische Bronchitis und Lungenschäden drohen. Gereizte Stimmungen, die mit Antriebslosigkeit und Unruhe wechseln, Orientierungsstörungen, gerötete Augen und verlangsamte Bewegungen können den Cannabiskonsum begleiten.

Die zahlreichen Inhaltsstoffe mit ungeklärter Wirkung erschweren die Abschätzung der Langzeitfolgen: Schädigungen der Bronchien und Lungen, wahrscheinlich auch Karzinome, mögliche Beeinträchtigungen des Fötuswachstums, Einwirkungen auf den Hormonhaushalt, Herz-/Kreislauf- und Leberschädigungen, auch bleibende Psychosen gehören dazu.

Kiffen ist harmlos. Ist Kiffen harmlos?

Shit oder Dope ist in den westlichen Nationen das am weitesten verbreitete illegale Rauschmittel. Angesichts der schädlichen Wirkungen, die besonders bei andauerndem Konsum eintreten können, ist die Verharmlosung des Cannabiskonsums nicht gerechtfertigt. Der vielfache Hinweis, Haschisch sei viel weniger gefährlich als das Nervengift Alkohol darf nicht darüber hinwegtäuschen, dass es auch hier nicht nur allein auf den Stoffkonsum ankommt, sondern auch auf dessen Begleitumstände: das Einstiegsalter, die Qualität der Droge, die Wahrscheinlichkeit einer seelischen Abhängigkeit. Haschisch ist für den Dauerkonsumenten eine gefährliche Droge; sie beeinträchtigt das Kurzzeitgedächtnis, vermindert die Konzentrationsfähigkeit und verringert das Reaktionsvermögen. Wegen der langen Verweildauer im Körper wirken die Stoffe auch während der Zeiten, in denen nicht geraucht wird.

Die These von Haschisch als der Einstiegsdroge in härtere Drogen ist allerdings nicht belegbar. Eher gelten Alkohol und Nikotin als Einstiegsdrogen in eine stoffgebundene Sucht. Abgesehen von den Gesundheitsgefahren nehmen Konsumenten rechtliche Konsequenzen in Kauf: Konsumieren und Dealen können mögliche Grenzüberschreitungen hin zu anderen illegalen Suchtmitteln nahe legen. Andererseits unterscheiden sich die sozialen Milieus der Heroinabhängigen und der Haschischkonsumenten deutlich. Die Erkenntnis, dass nie der Stoff allein in die Sucht führt, gilt auch fürs Kiffen – vielfältige Bedingungen und Ereignisse müssen zusammentreffen, um eine Abhängigkeit zu zementieren.

Am Cannabiskonsum hat sich lange Zeit die Auseinandersetzung um die Legalisierung aller Drogen festgemacht und schnell auf die provozierende Frage ausgeweitet, ob nicht die Freigabe aller Suchtmittel, eben auch des Heroins, die angemessene Antwort auf den wachsenden Drogenkonsum sei. Es ist eine Frage des Augenmaßes zwischen der Versuchung, zu dramatisieren und zu bagatellisieren und eine schwierige dazu: was dem einen als harmloser Joint gilt, verteufelt der andere als gefährliches Gift.

Die Befürworter der Legalisierung meinen:
- Joints oder Kekse, auch Gras-Tee und Purpfeifen sind harmlos – Cannabis macht nicht süchtig.
- Verglichen mit Alkohol sind Shit und Gras weitgehend unschädlich.
- Freie und mündige Menschen können selbst entscheiden, was sie konsumieren – bei Nikotin, Alkohol und Medikamenten tun sie es doch auch.
- Erst das Verbot von Cannabis macht die Droge so reizvoll.
- Wenn Cannabis legalisiert ist, trocknet der illegale Markt aus.
- Mit dem Cannabisverbot werden kleine Dealerkonsumenten in die Kriminalität abgedrängt.
- Die teilweise faktische Freigabe von Cannabis in geringen Mengen zum eigenen Verbrauch ist ein Hinweise darauf, dass das Verbot unhaltbar ist und zeigt überdies, dass Polizei und Gerichte im Grunde vor der Unsinnigkeit des Betäubungsmittelgesetzes mit seiner willkürlichen Unterscheidung von legalen und illegalen Drogen längst kapituliert haben.

Die Gegner einer Legalisierung von Cannabis und anderen Drogen halten dem entgegen:
- Cannabis schadet der Gesundheit jedes Menschen.
- Die drohende seelische und soziale Abhängigkeit steht für eine beträchtliche Suchtgefahr.
- Nicht alle Menschen sind in der Lage, die Gefahren des Cannabiskonsums realistisch einzuschätzen.
- Es geht in erster Linie darum, Kinder und Jugendliche vor der Droge zu schützen.
- Wäre Cannabis eine legale Droge, würde sich der Konsum ausweiten.
- Wäre das Cannabis-Verbot aufgehoben, wäre mehr als zweifelhaft, ob damit dem illegalen Markt die Grundlage

genommen wäre. Man könne davon ausgehen, dass die illegalen Händler dann mit umso stärkerem Engagement auf den legalen Markt drängten.

Heroin, Kokain, LSD, Designerdrogen

Heroin

Morphium, Opium und Heroin gehören zu den Opiaten. Sie werden aus dem milchigen Saft der unreifen Kapsel des Schlafmohns gewonnen. Die Flüssigkeit wird getrocknet, eingedickt und schließlich zu bräunlichen bis fast schwarzen Klumpen geformt. Während Opium und Morphium in der Medizin verwendet werden, dient Heroin ausschließlich als Rauschmittel. Es wird meistens als Lösung mit Wasser und Ascorbinsäure wieder verflüssigt und gespritzt, seltener geschnupft oder geraucht. Wegen der Gefahr einer HIV-Infektion durch die Benutzung derselben Nadeln kommt es in den letzten Jahren häufiger zum Inhalieren des Rauches von Heroin, das auf einer heißen Alufolie erhitzt wird. Man spricht vom Folienrauchen: ein gefährliches Ritual, das Jugendliche über die verheerenden Folgen des Heroinkonsums hinwegtäuschen kann – den Vorwurf, ein Junkie zu sein, weisen sie weit von sich: „Schließlich hängen wir nicht an der Nadel." Außerdem braucht man beim Blowen mehr Heroin, um dieselbe Wirkung wie bei einer Spritze zu erzielen – es liegt angesichts des Preises nahe, zu einer „ökonomischeren" Methode überzugehen: Viele Blower steigen deshalb bald auf Spritzen um.

Der Rausch setzt mit einem starken flash ein – das Selbstbewusstsein steigt, Gleichgültigkeit gegenüber Konflikten und Problemen oder Anforderungen macht sich breit. Nach der anfänglichen Euphorie setzt die beruhi-

gende, einschläfernde und schmerzstillende Wirkung ein,
Sinneswahrnehmungen verblassen.

Unter den illegalen Drogen gilt Heroin als eines der
stärksten Suchtmittel mit einem beträchtlichen körperlichen und seelischen Abhängigkeitspotential, das sich schon
nach kurzer regelmäßiger Einnahme herausbilden kann. Bewusstlosigkeit, Atemlähmung und Herzschwäche bei zu
hoher Dosierung sind ein großes Risiko, hinzu kommt die
Gefahr, sich wegen unbekannter Streckmittel zu vergiften.
Wer die Droge absetzt, leidet unter starken Entzugserscheinungen: Gliederschmerzen, Schüttelfrost und Schweißaus-
brüche, Durchfall, Schlaflosigkeit und Gereiztheit.

Schwerwiegende Persönlichkeitsveränderungen begleiten den Konsum: Heroinabhängige werden reizbar, aggressiv und egozentrisch. Junkies kennen nur noch einen Lebensinhalt – den nächsten Schuss. Geldnot stellt sich
unausweichlich ein, denn Heroin ist teuer. Sie verwahrlo-
sen und verelenden – Kriminalität, Prostitution und die fi-
nanzielle Belastung der Angehörigen sind soziale Folge-
schäden, die mit dem Heroinkonsum einhergehen.

Kokain

Kokain ist ein weißes kristallines Pulver, das wegen seines Aussehens auch Schnee genannt wird. Der Wirkstoff
Kokainhydrochlorid wird aus den Blättern des südamerika-
nischen Kokastrauchs gewonnen. „Koks" wird als Pulver
geschnupft: mithilfe einer Rasierklinge (zum Zerkleinern
des Pulvers) auf einem Spiegel in eine „line" gezogen und
durch ein Röhrchen in die Nase gezogen, seltener in Wasser aufgelöst gespritzt oder, vermischt mit backpulverähn-
lichen Stoffen in einen basischen Zustand gebracht, als
Crack in Pfeifen geraucht.

Wer einmal Kokain probiert, erlebt kaum körperliche
Veränderungen, von beschleunigtem Herzschlag, gesteiger-

ter Leistungsfähigkeit und erweiterten Pupillen abgesehen. Die seelischen Wirkungen dagegen sind ausgeprägt, der Rausch entwickelt sich in Phasen. Anfangs euphorisch, mit gesteigertem Rede- und Kontaktbedürfnis, verschwinden Hemmungen. Intensive Gefühle, angeregtes sexuelles Empfinden und der Drang, sich zu bewegen, werden gefolgt von optischen, akustischen und taktilen Halluzinationen, Größenphantasien und schier unbegrenztem Wohlbefinden. Am Ende stellen sich Angst, Schuldgefühle und depressive Stimmungen ein – und der Drang, den Rausch unbedingt zu wiederholen. Bei längerer Einnahme und steigender Dosierung treten körperliche Beschwerden dazu: Die Nasenschleimhaut verändert sich, Krampfanfälle und Leberschäden stellen sich ein, der appetithemmende Effekt der Droge beschleunigt den körperlichen Verfall. Die starke seelische Abhängigkeit entwickelt sich rasant: Die Dosis muss laufend erhöht werden, um die gewünschte Wirkung zu erzielen. Bei völliger Abhängigkeit können Delirien entstehen.

LSD

Lysergsäurediäthylamid – LSD – gehört zu den Wirkstoffbestandteilen des Mutterkorns; es wird in den verschiedensten Formen hergestellt. Als Kapsel oder Flüssigkeit auf Zuckerwürfel, Löschpapier, Filzplättchen geträufelt, wird LSD geschluckt.

Unter den Drogen, die Sinnestäuschungen und Wahrnehmungsveränderungen hervorrufen, gilt LSD als stärkstes Rauschmittel. Auf seinem Trip löst der Konsument die Leinen zur Wirklichkeit und glaubt sich im Besitz übermenschlicher Kräfte: Manche meinen, einen fahrenden Zug anhalten zu können oder springen in der festen Überzeugung, fliegen zu können, von einer Brücke. Bereits Milligramm-Mengen bewirken heftige Halluzinationen, starke nervliche Erregung und jähe Gefühlsschwankungen.

Gefährlich ist auch der Echo-Rausch: Ohne erneute Einnahme von LSD kann es Tage oder Wochen später plötzlich zu einem starken Nachhall-Rausch kommen, der auch andere Menschen in Gefahr bringen kann, wenn er beispielsweise den Konsumenten am Steuer seines Autos überrascht. Nicht selten wird der Kick zum Horror-Trip: Angstzustände und Panikzustände können bis zu 12 Stunden dauern. Ist der LSD-Trip noch mit Speed gemischt, hält die Wirkung mitunter sogar über 70 Stunden an. LSD verstärkt die Wirkung anderer Halluzinogene.

Designerdrogen

Die so genannten „Partydrogen" sind in Drogenlabors durch Molekülvariationen von Arznei- oder klassischen Rauschmitteln hergestellte Drogen der „neuen" Generation: relativ preiswert, massenhaft zu produzieren, mit großen Gewinnspannen zu verkaufen und jederzeit durch entsprechendes Wirkdesign an den Bestimmungen des Betäubungsmittelgesetzes vorbei in fast beliebiger Zahl zu variieren. Unter den synthetischen Drogen findet man Stoffe, die wie Kokain, LSD, Cannabis und Heroin wirken und das um ein Vielfaches stärker. Der Überblick ist kaum möglich, doch lassen sich bestimmte Gruppen der Substanzen zusammenfassen: die Amphetamine (häufige Bezeichnung Speed, Ecstasy/XTC ist eine der bekanntesten Designerdrogen), die Phencyclidine/Tryptamine (in der Drogenszene bekannt als PCP und Angel Dust, LSD-ähnlich) und die Fentanyle/Prodine (als MPPP/MPTP – „neues Heroin" gehandelt).

Designerdrogen werden in Tablettenform geschluckt, als Flüssigkeit gespritzt, geraucht oder auf die Haut aufgebracht. „Das Gefühl, leichter auf andere Menschen zugehen zu können, Harmonie- und Zärtlichkeitsgefühle stärker zu empfinden und auf Partys besser durchzuhalten,

macht Ecstasy zur bevorzugten Harmonie- und Party-
droge", schreibt die Bundeszentrale für gesundheitliche
Aufklärung über Ecstasy: „Besonders in der Techno- und
Housekultur gilt Ecstasy als leistungssteigernd und be-
wusstseinserweiternd und soll helfen, Tanzmarathons von
bis zu 36 Stunden Dauer durchzustehen." In Dosen unter
50 Milligramm gilt Ecstasy als milde, psychoaktive Droge:
sie regt den Fluss der Gedanken an und verschafft ange-
nehme Gefühle, ohne toxische Wirkung zu zeigen. Etwa
eine Stunde nach Einnahme berichten Konsumenten von
einer überaus beschwingten körperlichen und seelischen
Harmonie. Der Kopf ist klar, die Gedanken konzentriert.
Vergiftungserscheinungen drohen erst bei einer Dosis, die
über 100 Milligramm liegt – optische Trugbilder, Wahnvorstellungen, Muskelkrämpfe, Erbrechen, Angst und
Wasserverlust. Ecstasy stellt die Alarmanlage des Körpers
ab. Schmerzen, Schwindel, besonders Durst oder Erschöp-
fung fühlt man nicht mehr und deshalb kann es zu einem
Zusammenbruch kommen. Ecstasy in großen Dosierungen
ist gefährlicher als LSD. Der Abbau der Substanzen dauert
länger, gefährliche körperliche Reaktionen können sich
unvorhersehbar einstellen. Bleibende Schädigungen des
Gehirns können bis heute jedenfalls nicht ausgeschlossen
werden. Auch die Gefahr, süchtig zu werden, ist wahrscheinlich. Konsumenten von Ecstasy berichten von ent-
scheidenden Persönlichkeitsveränderungen. Sie beschreiben ihre Grundstimmung als depressiv und leiden unter
Depressionen, sogar starken Impulsen, sich das Leben zu
nehmen. Häufig empfinden sie sich nach ein paar Dutzend
Ecstasy-Trips als antriebslos und gleichgültig.
  Je nach ihrer chemischen Zusammensetzung haben die
Designerdrogen verschiedene aufputschende oder dämp-
fende Wirkungen oder bewirken Halluzinationen. Ein besonderes Risiko birgt dabei die Zusammensetzung der
Präparate, die dem Benutzer selten genau bekannt ist, so

dass er die Nebenwirkungen daher auch nicht einschätzen kann. Amphetamine verschaffen Euphorie, Anregung, Lustgefühle, Körpersensationen, Leistungssteigerung, Selbstüberschätzung. Sie dämpfen das Hungergefühl, setzen das Schlafbedürfnis herab, machen unruhig, gereizt und nervös. Phencyclidine/Tryptamine wirken ähnlich wie LSD; sie bringen Halluzinationen, verzerren die Sinneswahrnehmung, desorientieren, stimulieren schnelle Stimmungswechsel und führen zu beträchtlicher Selbstüberschätzung. Fentanyle/Prodine gleichen in ihrer Wirkung dem Heroin, allerdings mehr als tausendfach stärker. Die Gefahren der Designerdrogen sind groß, die Langzeitfolgen mitunter beträchtlich: Für Erschöpfungszustände, Kollaps, körperlichen Verfall, Bewusstseinstrübungen, Herz-/Kreislaufschäden sind vor allem Amphetamine verantwortlich. Bewusstlosigkeit, Aggressivität, Delirien, Realitätsverlust und motorische Störungen, Paranoia und Echoeffekte bringen Phencyclide/Tryptamine mit sich. Fentanyle/Prodine gleichen dem Heroin auch in den Folgewirkungen, sie können noch dazu Schüttellähmungen auslösen, die unheilbar sind.

Techno und Designerdrogen

Synthetisch hergestellte Drogen spielen in Verbindung mit Techno-Musik, Disco- und Raveszene eine besonders aktuelle Rolle. Die Techno-Musik selbst hat dank spezieller Rhythmen und Frequenz eine große Bedeutung für den Aufbau von Spannung und Extase. Dazu passt die Substanz: Designerdrogen werden als Antriebs- und Leistungsdrogen wahrgenommen – anders als beispielsweise Cannabis, dessen Konsumenten eher zu einer Mentalität von Aussteigertum oder Protestverhalten neigen. Ecstasy-Konsumenten wollen ihre Energie nicht dämpfen, sondern steigern; sie möchten sich selbst erleben, ihr Bewusstsein erweitern und sich zumindest am Wochenende auch einmal aus der Alltagsroutine ausklinken können. Die meisten Konsumenten der illegalen synthetischen Drogen berichten, dass ihr Alltag eintönig, stressig und arm an Erlebnissen sei. Mithilfe der Droge wird der Kreislauf für einige Stunden am Wochenende hochgeputscht, Spannung und Action erlebt. In der Techno-Szene sind die Anforderungen an gute Stimmung und Durchhaltevermögen hoch: Wer fit und dynamisch ist, mitmacht, verschiedene Partys besucht und nächtelang durchhalten kann, ist willkommen. Die Techno-Szene ist leistungsorientiert und fordert den Drogenkonsum mit dem Ziel, das eigene Leistungsvermögen zu steigern, heraus.

Für Eltern, Lehrer und Erzieher ist es alles andere als einfach, durch die verschiedenen Fach- und Szenebegriffe und Detailinformationen durchzusteigen. Die Vielfalt aller Stoffe, die unter dem Begriff der Designerdrogen zusammengefasst werden, verwirrt: Denn was ist und wie unterscheiden sich Ecstasy, MDMA, MDA, „Adam", „Eve", „Angel Dust", Amphetamine, Weckamine, Speed usw.? Auch die vorhandene Fachliteratur macht die Aufklärung nicht immer einfacher. Bleiben also am ehesten die leider überlasteten Beratungsstellen und/oder für die Erstinformation sinnvolle Kurzbroschüren (vgl. Kap. 11).

4. Kapitel:
Was ist eigentlich Sucht und wo fängt sie an?

Probieren, Gewöhnung, Sucht und Abhängigkeit

Sucht ist ein Begriff, der in vielen Farben schillert. Die verschiedenen Verhaltensweisen, die wir, manchmal vorschnell, manchmal in herabwürdigender Absicht und manchmal aus purer Selbstverleugnung als süchtig etikettieren, scheinen vor allem nahe zu legen, dass sich in ihnen der ganz eigene Bezug offenbart, den wir zu einem Suchtmittel haben, dessen Wirkung wir schätzen und eigentlich nicht missen wollen. Anders gesagt: Süchtig sind immer nur die anderen. Der passionierte Weintrinker wird sich ebenso wenig als süchtig bezeichnen wie der Raucher, der die gesundheitliche Gefährdung seines Lasters leugnet, und auch diejenige, die regelmäßig das Schlafmittelchen am Abend dem Glas warmer Milch oder einem Spaziergang an frischer Luft vorzieht, um bloß nicht schon wieder stundenlang mit quälenden Gedanken wachliegen zu müssen, wird sich selbst nicht ohne weiteres als suchtgefährdete Person bezeichnen. Deshalb bezeichnet Sucht auch die Verengung aller mannigfaltigen Möglichkeiten, die Menschen zur Verfügung stehen, um unerträgliche Belastungen, Herausforderungen und Mühsal zu lindern, auf eine einzige Lösung missliebiger Schwierigkeiten: die Substanz, die Erleichterung verspricht. Weil Sucht landläufig auch den Beigeschmack von Schwäche und Versagen hat, weisen wir sie für uns selbst gern weit von uns. Da spiegelt sich auch der hohe Wert, den unsere Gesellschaft der Vernunft, der

Selbstbeherrschung und der Leistungsbereitschaft zumisst. Die Norm missbilligt den Wunsch nach starkem Genuss oder verlangt doch zumindest die Regulierung der Bedürfnisse nach Rausch, Lust und Genuss. Doch auch diese Norm hat ein Gegenüber auf der anderen Seite der Wippe: Wir sollen ja schrankenlos konsumieren. Dass jeder Wunsch, kaum dass er erfüllt, augenblicklich Junge kriegt, hat sich die Wirtschaft längst zur Grundlage ihres erfolgreichen Schaffens gemacht. Mehr noch: Das weit verbreitete Konsumbedürfnis ist selbst zur Grundlage von Profiten und Wohlstand geworden. Den Genuss ohne Reue, die vielstimmige Aufforderung, doch nicht länger zu warten, die Erfüllung jedes Bedürfnisses jetzt gleich, dazu fordert uns die allgegenwärtige Werbung auf, das leben wir Erwachsenen entgegen unseren Warnungen Kindern und Jugendlichen vor. Auf dieser Seite der Wippe steht die atemlose Konsumgüterwerbung, die Manipulation der Menschen, die Ausbeutung vom puren Habenwollen bis zur Konsumsucht und dem Konsumrausch – nach der Befriedigung ist vor der Befriedigung, heißt das Credo der süchtigen Gesellschaft.

In diesem Spannungsfeld verliert der Suchtbegriff alles Eindeutige, er franst an den Rändern aus: Erkennbare Zeichen abhängigen Verhaltens werden in bestimmten Situationen sogar belohnt, im Allgemeinen eher geleugnet, die durchaus wahrnehmbare Grenze zwischen Sucht und Genuss verschwimmt – aus Gründen der Unkenntnis, der Verdrängung, der Furcht, selbst betroffen zu sein, um der lieben Gewohnheiten willen und auch aus den Verteidigungsgräben vor der Selbstkritik heraus, manchmal aus Bequemlichkeit, bringen wir den Mut nicht auf, den wir bräuchten – den Mut zu sehen, zur schmerzhaften Klarheit, zur Eigenart und zum Eingeständnis, zum Konflikt und zum Gespräch. Die fragwürdige Trennung zwischen legalen und illegalen Drogen, die das Thema Sucht mir nichts dir nichts in den illegalen Bereich verschiebt, bedient sich der Devise: Süchtig ist nicht normal, illegal ist nicht normal, also ist illegal gleich süchtig. Hinzu kommt, dass die Kenntnis von Suchtmerkmalen mangelhaft ist. Das macht unsicher und befördert nicht nur den bildhaften Kurzschluss vom Joint zum Herointoten auf dem Bahnhofsklo. Vielen ist nicht bewusst, dass Probieren und gelegentliches Konsumieren von Substanzen nicht automatisch Sucht und Abhängigkeit bedeutet, viele verschließen lieber die Augen davor, dass zwanghaftes Konsumverhalten bereits Sucht bedeutet und keineswegs immer nur an bestimmte Substanzen gebunden sein muss.

Von einer Abhängigkeit spricht man, wenn folgende Umstände eingetreten sind:
• Wenn die Dosis ständig steigt
• Wenn die körperliche und seelische Kontrolle über den Konsum entglitten ist – der Stoff muss 'ran um jeden Preis
• Wenn körperliche Entzugserscheinungen eintreten, die schmerzhaft und quälend sein können, sobald der Stoff nicht mehr konsumiert wird
• Wenn alle Aktivitäten nur auf das Bemühen ausgerichtet sind, den Nachschub sicherzustellen
• Wenn andere Interessen und Beziehungen mehr und mehr vernachlässigt werden.

Dass Sucht vor allem eine Schwäche bezeichnet, legt schon unser Sprachgebrauch nahe: Habsucht, Eifersucht und Rachsucht sind Begriffe, die lasterhafte Charakterzüge meinen, und auch der andere Bedeutungszweig, wonach Sucht für eine Krankheit steht wie Schwindsucht, Gelbsucht oder Wassersucht, legt Schwäche nahe. Gemeinsam ist beiden Varianten, dass sie den Verlust von Kontrolle über die eigenen Kräfte bezeichnen, den ein Mensch erleidet: Sucht bedeutet, dass etwas anderes – sei es ein Gefühl, sei es eine Tätigkeit oder auch eine Substanz

– das Zepter in allen Regungen und Taten der Persönlichkeit schwingt. Sucht heißt auch, ich kann nicht anders – und damit sind wir bei der modernen Definition dessen, was heute als Sucht gilt, angelangt: ein zwanghaftes, krankhaftes Verlangen nach psychoaktiven Substanzen oder bestimmten Tätigkeiten. Das Verlangen, sich diese Substanz einzuverleiben, kann nach einer Phase der Gewöhnung, in der dauerhafter Konsum stattfindet, in eine Phase der physischen und psychischen Abhängigkeit umschlagen: Die Droge hat sich verselbständigt und bestimmt das Verhalten.

Leben und Sterben in einer süchtigen Gesellschaft

Das Ausmaß von Suchtverhalten in unserer Gesellschaft wird gemeinhin unterschätzt. Nach Angaben der „Deutschen Hauptstelle gegen die Suchtgefahren" (DHS) ist die Anzahl der stoffgebundenen Suchtkranken in Deutschland erschreckend hoch: rund fünf Prozent der Bevölkerung sind suchtkrank. Dabei übersteigt die Anzahl der Abhängigen von legalen Drogen die der Abhängigen von illegalen Drogen bei weitem. In der Öffentlichkeit wird der Anteil der von illegalen Stoffen abhängigen Menschen weit überschätzt. Rund 17 Millionen Menschen rauchen, nach Angaben der DHS, mehr als 16 Zigaretten täglich. Rund 1,4 Millionen sind von Medikamenten abhängig, rund 2,5 Millionen sind behandlungsbedürftig alkoholabhängig. Jeder zweite Verkehrstote starb infolge eines alkoholisierten Unfallverursachers. Ungefähr 120 000 Menschen sind abhängig von illegalen Drogen, etwa 100 000 Menschen konsumieren Ecstasy und andere synthetische Drogen. Insgesamt gesehen stehen mehrere Millionen Suchtmittelabhängiger und Menschen mit problematischem süchtigen Verhalten für das Wort von der „süchtigen Gesellschaft", zumal wenn man die entsprechend große Zahl mitbetroffener Angehöriger wie Partner, Kinder und Eltern miteinbezieht. Auch die Zahl der Todesfälle, die auf den Missbrauch psychoaktiver Substanzen zurückzuführen sind, bestätigt dieses Bild: Pro Jahr gibt es bis zu 2 000 Fälle, die auf illegale Drogen zurückzuführen sind, während bis zu 40 000 Alkoholtote und 80 000 Tabaktote gezählt werden.

Grundsätzlich kann jedes menschliche Verhalten zur Sucht werden, wenn bestimmte Bedingungen zusammentreffen. Sucht äußert sich dann in dem Bestreben, aus einer unerträglich empfundenen Lebenslage nicht durch eigene, mitunter beschwerliche Anstrengungen herauszufinden, sondern durch Verdrängen, Ablenken oder Flüchten die momentane Belastung zu mildern. Selbstredend wird dabei durch den Gebrauch einer Droge das Unerträgliche nur für bestimmte Zeit verdeckt, aber nicht aufgehoben. Suchtverhalten wird an zwei Kriterien deutlich: Der Wunsch nach kurzfristiger Bedürfnisbefriedigung ohne nennenswerte eigene Anstrengungen kehrt immer wieder und, damit eng verbunden, der wachsenden Verlust der Kontrolle über das eigene Verhalten.

Vom grünen in den roten Bereich

Bei allen Suchtformen ist der Übergang aus dem grünen Bereich von Genuss und Entspannung in den Zustand, nicht mehr aufhören zu können und damit in den roten Bereich der körperlichen und seelischen Abhängigkeit fließend. Zwischen körperlicher und seelischer Abhängigkeit kann man unterscheiden, wobei die Merkmale der

Abhängigkeit je nach Art der Droge wechseln. Bei Drogen wie Haschisch, Kokain und LSD tritt keine körperliche Abhängigkeit ein. Trotzdem ist das Verlangen, den Konsum fortzusetzen, enorm hoch und kaum zu steuern. Körperliche und seelische Abhängigkeit können auch unabhängig voneinander eintreten.

Körperliche Abhängigkeit bildet sich heraus, wenn der Organismus die Substanz in seinen Stoffwechsel eingebaut hat und darauf angewiesen ist, um zu funktionieren: nach und nach verträgt er immer mehr des jeweiligen Suchtmittels. Deshalb muss der Abhängige die Dosis steigern, damit dieselbe Wirkung wie zuvor erzielt wird. Und deshalb führt auch das Ausbleiben des Stoffes zu Entzugserscheinungen wie Übelkeit, Erbrechen, Schmerzzuständen, Unruhe, Gereiztheit, Frieren, Zittern und Schwindelgefühlen.

Seelische Abhängigkeit hingegen äußert sich vor allem im unbezähmbaren Verlangen, den Stoff ständig und immer wieder zu sich zu nehmen. Der seelisch Abhängige kann nicht mehr frei entscheiden, ob er die Droge konsumiert oder nicht, er ordnet alle Verstandeserkenntnisse der Gier nach einem bestimmten Erlebniszustand unter. Süchtiges Verhalten hemmt die Entfaltung der Persönlichkeit und zerstört zwischenmenschliche Beziehungen, weil alle Aufmerksamkeit dem eigenen Befinden und dem Nachschub des Stoffes gilt. Seelische Abhängigkeit ist nicht weniger schlimm als körperliche, ganz im Gegenteil: körperliche Entzugserscheinungen klingen nach wenigen Wochen ab, seelische Abhängigkeit hingegen wirkt noch lange nach. Sie steht als das Ergebnis eines Lernprozesses, an dessen Ende der Abhängige den Stoff so in sein Leben eingebaut hat, dass er ihn braucht, um sein seelisches Gleichgewicht zu halten, das heißt Unlustgefühle, Angst, Spannungen und emotionale Belastungen auszubalancieren. Andere Verhaltensmöglichkeiten, die sonst dazu beitragen, Wohlbefinden auszulösen, werden erst gar nicht

62

entwickelt. Besonders für die Jahre zwischen 12 und 18, wenn wichtige seelische Fähigkeiten, die Herausforderungen des Lebens zu meistern, sich eigentlich entwickeln, wirkt die seelische Abhängigkeit von Drogen deshalb besonders fatal, weil sie den Abhängigen in einen nahezu unaufholbaren Entwicklungsrückstand bringt.

Im Teufelskreis der Abhängigkeit: eine Reise mit ungewisser Wiederkehr

Die Dynamik und der Mechanismus, der den Übergang vom Gebrauch über den Missbrauch zur Abhängigkeit beschleunigt, ist bislang unbekannt. Aber wir kennen die Stationen der Reise – jeweils vom Ende her: Da, wo Sucht und Abhängigkeit herrschen, schlug zwischen Gewöhnung und Kontrollverlust der zuerst gelegentliche, dann regelmäßige Gebrauch zum Missbrauch um. Wahrscheinlich spielen sowohl Anlagen wie auch psychische und soziale Auslöser eine Rolle, die in einem lebendigen, höchst empfindlichen Wechselspiel stehen. Kein einzelner Faktor allein löst die Suchtspirale aus – da muss schon noch mehr passieren. Weil jede Abhängigkeit in einem bestimmten Lebenszusammenhang entsteht, sind der Beginn und weitere Verlauf des Drogengebrauchs so verschieden wie die Menschen, die in ihn verwickelt sind. Von der freien Entscheidung, die eigene Lebensfreude auch mit Drogen zu steigern, bis zum verkrampften Versuch, eigenen Problemen auszuweichen, kann die Reise gehen, und wer sie antritt, weiß nicht im Voraus, wo er ankommt, noch weiß er, ob er als Tourist oder als Reisender unterwegs ist. Den Unterschied beschreibt Paul Bowles in seinem Buch „Sheltering Sky" so: Ein Tourist weiß, wann er zurückkehrt, während ein Reisender weder das wann noch das ob kennen kann. Tatsächlich kann ein Joint die pure Entspannung sein – gar nicht so selten können aber auch bleibende Psychosen sich als Folge des Haschischkonsums einstellen.

Am Anfang steht ein Bedürfnis nach Entspannung und Erleichterung, wie wir es alle kennen. Die Zigarette, das Gläschen Wein und für manche der Joint verschaffen tatsächlich Entlastung – für einen Moment lang. Das Verlangen nach der Droge wächst. Im Laufe des sich steigernden Gebrauchs entstehen, auch aus dem Empfinden des wachsenden Kontrollverlustes heraus, Schuldgefühle. Der Konsument versucht, den Gebrauch des Stoffes vor sich selbst und vor anderen zu rechtfertigen. Im nächsten Schritt versucht er, über das wahre Ausmaß seines Substanzgebrauchs hinwegzutäuschen und verspricht schon bald, weniger zu konsumieren. Das Versprechen hält er jedoch nicht, das Verlangen ist größer als bedrohliche Folgen – ganz gleich, was der Bundesgesundheitsminister empfiehlt. Allmählich wird die Beschaffung der Droge zum wichtigen, wenn nicht sogar einzigen Lebensinhalt des Konsumenten: Der Raucher geht noch nachts im Schneesturm zur Tankstelle, um Zigaretten zu kaufen. Dem Weintrinker wird unwohl bei dem Gedanken, zu Hause nichts mehr zu trinken zu haben. Und die Konsumenten illegaler Drogen machen sich genauso auf den Weg, den Stoff zu besorgen. Dabei liegt die Gefahr des Abgleitens in die Beschaffungskriminalität auf der Hand.

Die Wurzeln der Sucht: ein Bohrversuch

Lange vor dem Eintreten süchtigen Verhaltens erleben wir Gewohnheit und Gewöhnung an bestimmte Stoffe und Verhaltensweisen. Die Tasse Kaffee am Morgen bringt vielen erst den richtigen Schwung in den Tag, so mancher Ärger lässt sich mit einem kühlen Bier herunterspülen. Nicht nur hin und wieder, sondern auch durchaus täglich. Das muss noch nicht einmal eine totale Abhängigkeit sein, sondern erklärt erst einmal nur, wie selbstverständlich wir in bestimmten Situationen zu bestimmten Substanzen greifen, um unser Befinden zu verändern. Auch das Stück Schokolade verschafft kurz genießerisches Wohlbefinden mitten in einem hektischen Arbeitstag. Das Grundmotiv von Suchtmitteln ist immer der Wunsch, sich damit besser fühlen zu wollen. Gerade Gewohnheiten, die selbstverständlich werden, funktionieren ab einem gewissen Punkt automatisch. Wie schnell uns Rituale, die uns Lust verschaffen, zu Gewohnheiten gerinnen, ist eindrücklich an Kindern abzulesen. Wenn Sie mit Ihren Kindern an drei Tagen hintereinander den Supermarkt besuchen und ihrem Verlangen nach Süßigkeiten nichts entgegensetzen, so werden Sie am vierten Tag, an dem Sie es nicht tun, die Macht der Gewohnheit in voller Lautstärke zu spüren bekommen.

Lange bevor es zur Sucht kommt, durchwandern wir das weite Feld der Ersatzhandlungen. Menschen berauschen sich nicht nur aus Lust, sondern auch aus Frust: Der Mann, der bei einer Frau nicht in gewünschtem Umfang zum Erfolg kommt und dann mit 200 Sachen auf der Autobahn das Gaspedal tritt, der andere, der zuerst einen Klaren braucht, bevor er mit seiner Umwelt in Kontakt tritt, oder der gestresste Freiberufler, der in Terminnöten schnell und ohne biologischen Anlass ein Wurstbrötchen hinunterschlingt – wir alle suchen Ersatz für nicht erfüllte Bedürfnisse. Bei Kindern ist das oft noch leichter zu erkennen: Zu Hause hat die Vierjährige noch ein großes Glas Apfelsaft ausgetrunken, fünf Minuten später im Auto klagt sie weinerlich über Durst. Und beginnt, kaum dass die Mutter erschreckt festgestellt hat, dass sie die übliche Teeflasche für Autofahrten vergessen hat, schrill zu quengeln. Durst kann es nicht sein – aber die Kleine hat die Situation Autofahren mit der Flasche gekoppelt und verlangt danach, weil es immer so war. Am Ziel angekommen, ist sie schlagartig vergnügt wie zuvor. Von Durst keine Rede mehr. Weg vom eigentlichen Bedürfnis verlagern wir das Verlangen und fixieren uns auf die Einhaltung ritualisierter Gewohnheiten – was wiederum die eigene Erlebnisfähigkeit ungemein beschneiden kann. Wir werden unfähig, eine Situation offen und mit allen Sinnen zu erleben, wenn wir verlernt haben, die eigenen Bedürfnisse als Ausgangspunkt unserer Wünsche zu empfinden. Die Leere kann man mit Ersatzmitteln jeder Art füllen: statt Zuwendung, Gespräch, Unternehmungslust gibt es Süßigkeiten, Fernsehen, Computerspiele oder auch Berge von Spielzeug. „Kein Kind würde sich ein Schaukelpferd wünschen", stellte der polnische Pädagoge Janusz Korcak traurig fest, „wenn es auch ein Pony haben könnte."

Weniger ist oft mehr – Spielzeug und das Zeug zum Spielen

Um es klar zu sagen: Bonbons, Fernsehen und Spielzeug – das kann man alles machen. Das Vertrackte an den ureigensten Bedürfnissen nach Entspannung oder Abwechslung, menschlicher Wärme und Zuneigung, nach Spiel, Spaß und Aufmerksamkeit ist jedoch, dass sie sich ersetzen lassen: nur oberflächlich, aber immerhin als eine gewisse Sättigung spürbar. Demgegenüber steht ein schier überbordendes Angebot an Gütern, die sich anbieten, diese Wünsche zu befriedigen. Das ist keine wirkliche Wahl aus möglicherweise befriedigenden Verhaltensweisen. Risiken für eine spätere Suchtentwicklung beginnen in der Kindheit. Und ein Strang der Sucht wurzelt im Konsum, der zwar nicht immer nur Ersatz für andere Bedürfnisse darstellt, aber weitaus häufiger, als wir alle uns eingestehen wollen. Eine früh ausgeprägte, passive Konsumhaltung, ein starker Hang zu Süßigkeiten aller Art, uneingeschränkte Dauerberieselung durch das Fernsehen können früh schon Weichen stellen. Gewohnheiten, die sich herausbilden, haben mit Süchten gemeinsam, dass sie aus der Fülle der Möglichkeiten eine einzige herausgreifen und damit den inneren Horizont verengen auf die immergleiche Reaktion: „Immer wenn mir langweilig ist, schalte ich den Fernseher ein", oder „Immer wenn ich traurig bin, kriege ich Lust auf Schokolade", oder auch „Immer wenn ich etwas Besonders gut gemacht habe, schenken mir meine Eltern fünf Mark", sind Mechanismen, die sich verselbständigen können. Es lohnt sich, genau hinzuschauen, aus welchen Motiven wir den Kindern die Dinge geben, nach denen sie verlangen.

- Werden Sie im Supermarkt schnell weich, wenn das Kind vor dem Süßigkeitenregal die Tonlage wechselt?
- Lesen Sie lieber den Kindern ihre Wünsche von den Augen ab, als das tagelange Gequengel auszuhalten?
- Schenken Sie ihnen Spielzeug, damit endlich Ruhe ist und Sie Ihre Zeit mit anderen Dingen verbringen können?
- Erlauben Sie, wenn auch insgeheim zähneknirschend, fernzusehen – um nur einmal in Ruhe den Abendbrottisch zu decken oder nicht schon wieder auf dieses nervtötende „Mir ist so langweilig" reagieren zu müssen?
- Geben Sie lieber nach und kaufen die teuren Turnschuhe, wenn eine peinliche Diskussion Ihres knappen Budgets vor dem Verkaufspersonal droht?

Normale Eltern antworten in allen Fällen mit ja. Es geht hier auch gar nicht darum, Konsum in Bausch und Bogen zu verdammen. Weil wir unabänderlich in einer Konsum- und Wohlstandsgesellschaft leben, sind all diese Dinge wichtig. Warum soll man auch nicht die schönen Dinge genießen können oder sich mit der Überreichung eines kleinen Geschenks ein paar Minuten Ruhe erkaufen? Eltern, die ihren Nachwuchs mit dem brandneuen Lego-Technik-Kasten und der Aufforderung „Nun spielt mal schön" ins Zimmer schicken, lassen ihr Kind ja nicht automatisch gefühlsmäßig verhungern, nur weil sie sich seinem sprudelnden Mitteilungsbedürfnis einen Moment lang mal nicht gewachsen fühlen. Wichtig ist zu wissen, was man tut und aus welchen Gründen man genau das tut. Die Sachlage ähnelt dem Gebrauch von Suchtmitteln ganz am Anfang, wenn die Substanz den grünen Bereich gelegentlichen Genusses noch nicht verlassen hat. In einer Situation, die emotional belastet, kann es hilfreich sein, dem Problem erst einmal aus dem Weg zu gehen und Kraft zu schöpfen. Vorübergehend auszuweichen und anschließend einen Lösungsversuch zu beginnen, ist ein sinnvolles Verhalten und hat mit einer beginnenden Suchtentwicklung nichts zu tun. Erst das Verharren im Ausweichmanöver birgt die Gefahr, die starke Neigung zu Ausweichverhalten und Ersatzhandlungen auf Dauer zu verfestigen. Suchthaltungen können sich zu süchtigem Verhalten steigern, wenn ein starker Anlass hinzukommt – viel später erst, wenn die ganz normalen Probleme wie Schulversagen, Außenseiterrolle in der Klasse, Arbeitslosigkeit oder Liebeskummer hinzukommen.

Süchtige, ausweichende Verhaltensweisen entdecken wir bei Kindern bestenfalls in Vorstufen und Grauzonen zwischen Gewöhnung und extremem Konsum. Groß ist das Feld tolerierbarer Verhaltensweisen noch dazu – entscheidend ist das Ausmaß und die Bedeutung von Ersatzhandlungen, die sie für den jeweiligen Menschen haben. Kinder legen zudem noch sehr häufig extreme Verhaltensweisen an den Tag, weil ihnen das Augenmaß fehlt. Sie gebärden sich leicht mal eben wie die Verdurstenden in der Wüste, um genau diese Barbiepuppe, den teuersten Fußball und die ultra-coolen Roller Skates zu bekommen. Schon Zweijährige verstehen es meisterhaft, ein Todesröcheln zu mimen, wenn ihnen ein quietschrosa Bonbon zu lutschen verwehrt wird. Außerdem haben sie oft keine andere Möglichkeit, als auf bestimmte, sie selbst überfordernde Situationen mit psychischen Auffälligkeiten zu reagieren: Noch Fünfjährige pinkeln eher Nacht für Nacht ins Bett, als ihre streitenden Eltern nachhaltig zum klärenden Gespräch am Küchentisch zu bitten. Aber hilft es ihnen wirklich weiter, das 17. Kuscheltier überreicht zu bekommen oder die Erlaubnis, stundenlang im Kinderkanal zu kreuzen? Es ist der Zusammenhang der Ereignisse und das aufmerksame Nachforschen, warum und in welchen Situationen sich das Kind so und nicht anders verhält. Leicht gesagt, aber schwer getan, diese Zusammenhänge immer im Auge zu behalten. Doch jedem Vater und jeder Mutter ist es irgendwann möglich, innezuhalten, selbst wenn man müde und einsam ist oder sich so fühlt, erlebt man Situationen, in denen ein Halt – so nicht! plötzlich im Raum steht. Solches Innehalten, nicht immer, aber von Zeit zu Zeit, kann den Blick aufs Ganze ungemein erhellen. Genießen heißt eben nicht blindlings zu konsumieren und jedem Bedürfnis augenblicklich nachzugeben. Dass weniger oft mehr ist, wollen Kinder kaum glauben: „Warum soll denn weniger Spielzeug mehr Spaß machen?"

Mit Ersatz befriedigt?

Eine Wurzel stoffgebundener Sucht führt zum Konsumverhalten; dabei geht es um Verhaltensweisen, die als Ersatz für etwas anderes eingesetzt werden, das in dem Moment nicht zu haben ist. Wenn Eltern kleiner Kinder den

Griff zum Ersatz blockieren, haben sie viel gegen Sucht getan – schließlich wünschen sie sich nichts mehr, als dass die großen Kinder sich eines Tages nicht mit Ersatz zufrieden geben, wenn sie sich von Ängsten befreien, von Zwängen und Hemmungen lösen wollen, sich nach Glück, Liebe und Anerkennung sehnen und eine Substanz ihnen genau das zu erleben verspricht. Sucht erreicht immer das Gegenteil von dem, was sie zu erlangen vorgibt. Sie zersetzt die Persönlichkeit, weil sie den Wahn fördert, dass sich mit dem „Gut-Drauf-Sein" alles andere erübrige. Ersatzbefriedigungen, die zur Gewohnheit werden, bereiten der Sucht den Weg.

Schwierig kann es werden, wenn das ursprüngliche Bedürfnis nicht mehr gesehen wird und sich Gefühl und Mittel so fest verbinden, dass die Fähigkeiten und die Verhaltensvielfalt der Kinder gleichzeitig auf immer dieselbe Antwort zusammenschnurren. Sucht ist vor allem Einengung – die Störung der Gefühlsfähigkeit, der Kommunikations- und damit der Beziehungsfähigkeit. Deshalb ist ein Mensch umso besser gegen süchtiges Verhalten geschützt, je mehr Möglichkeiten er hat, mit verschiedenen Anforderungen auf unterschiedliche Weise umzugehen. Ein bisschen Verzicht, ein kleiner Aufschub und die kleinste Grenze, so lange sie nur klar gezogen ist, kann viel Einfallsreichtum befördern: und in punkto Kreativität und Phantasie sind die Kinder uns sowieso weit überlegen. Quittieren Sie das vorwurfsvolle „uns ist so langweilig" mal mit einem höflich-desinteressierten „Ach ja?", und warten Sie ab, auf welche Spielideen die Kinderschar kommt, während Sie die Fernbedienung oben auf dem Küchenschrank verstecken. Bei größeren Kindern muss man die Methode natürlich diskret verfeinern ...

Die besten Mahnungen sind bekanntlich immer die, die von den Mahnern selbst gerne beherzigt werden. Öffentlich Wasser und heimlich Wein zu trinken – in punkto

Konsum hat dieses Verhalten bei Kindern überhaupt keinen Zweck. Erbarmungslos decken sie noch jeden Versuch, das Konsumverhalten der Eltern zu verschleiern, unmittelbar auf. Deshalb, auch wenn's wehtut:

- Wie leicht erfüllen Sie sich Ihre Wünsche?
- Was tun Sie eigentlich, wenn es Ihnen nicht gut geht, und was würden Sie tun, wenn Sie genau das nicht tun könnten?
- Keiner glaubt wirklich, dass es in der Familie wieder harmonischer zuginge, wenn man nur eine bestimmte Margarinemarke auf den Frühstückstisch stellte. Aber empfindlich reagieren wir alle auf die Verlockungen der Werbung: schön wie Claudia Schiffer dank einer bestimmten Hautcreme, cool wie der Raucher einer bestimmten Zigarettenmarke oder erst glücklich, wenn ein bestimmtes Designersofa das eigene Wohnzimmer ziert oder wenigstens die richtige Automarke vor der eigenen Tür parkt ...
- Wir alle kaufen irgendwann aus Frust – aber wie oft und zu welchen Gelegenheiten? Und was täten wir lieber stattdessen?

5. Kapitel:
Die wildere Zeit des Lebens: die Jahre zwischen zehn und zwanzig

Die Droge als Medium der Lebensgestaltung

Die Premieren häufen sich an der Schwelle zum zweiten Lebensjahrzehnt: So gut wie alle legalen und illegalen Substanzen werden in dieser frühen Lebensspanne zum ersten Mal konsumiert. Die kritische Zeit liegt etwa zwischen der ersten Zahnspange und den ersten Fahrstunden. Weil das unübersichtliche Hin und Her im Experimentieren mit verschiedenen Suchtstoffen einen gewissen Ablauf und bestimmte Gebrauchsmuster erkennen lässt, kann jedes Lebensjahr Aufschub beim Eintritt in den Konsum einer dieser Substanzen als ein Gewinn für die körperliche und seelische Entwicklung gelten, deren ungestörter Fortgang den Eintritt in eine Drogenkarriere weniger wahrscheinlich werden lässt. Je früher der Drogenkonsum beginnt, desto leichter kann er außer Kontrolle geraten. Das Umgekehrte gilt nach vielen sozialwissenschaftlichen Erhebungen als genauso belegt: Wer mit 18, 19 Jahren noch niemals geraucht hat, bleibt mit großer Wahrscheinlichkeit lebenslanger Nichtraucher. Die Vermutung liegt nahe, dass physiologische Gründe für den Konsumeinstieg dabei die kleinere Rolle spielen – die erste Zigarette, das erste Bier haben, wie nahezu alle Erwachsenen wissen, etwas gemeinsam: Es schmeckt einfach nicht.

Tabak und Alkohol werden ganz überwiegend deshalb konsumiert, weil die Kinder und Jugendlichen sich selbst, ihren Familien und ihren Freunden etwas beweisen wollen. Die seelischen und sozialen Entwicklungsaufgaben im Jugendalter hängen unmittelbar und auch enger mit der Wahl der Droge zusammen als mit den speziellen Wirkungen der legalen Suchtstoffe Nikotin und Alkohol. Das gilt auch später für die illegalen Substanzen, besonders Cannabis und Ecstasy.

Versteht man den Einsatz psychoaktiver Substanzen als Mittel der Lebensbewältigung und betrachtet Gesundheit als einen lebendigen Prozess der produktiven und immer wieder aufs Neue betriebenen Lebensbewältigung, sieht man, wie sehr diese Substanzen in die Herstellung dieser Balance inbegriffen sind. Mehr noch: Der Einstieg in den Drogenkonsum kann, ähnlich wie ein Dia-Negativ, die konkreten Lebens- und Leistungsanforderungen im jugendlichen Alter abbilden: Der Tabak hat wie der Alkoholkonsum die subjektive Logik, die Gesundheitsbalance zu fördern. Anregende oder beruhigende Mittel sollen die psychischen Bewältigungskapazitäten stärken. Dem, der sie konsumiert, dienen Drogen als Medium bei der Herstellung seiner eigenen Gesundheitsbalance. Diese Mechanismen wirken im zweiten Lebensjahrzehnt möglicherweise deshalb so besonders intensiv, weil vor, während und nach der Pubertät, die heute bei den meisten Mädchen zwischen elf und zwölf und bei den meisten Jungen zwischen zwölf und dreizehn Jahren eintritt, größer gewordene Kinder sehr empfindlich und empfänglich auf die Fragen, die das eigene Leben aufwirft, reagieren. Und wahrscheinlich haben sie dabei in der offeneren und individualisierteren Gesellschaft unserer Tage mehr Schwierigkeiten zu bewältigen als noch ihre Eltern und Großeltern. Jedenfalls sind die Anforderungen an das Selbstmanagement sehr hoch. Da können psychoaktive Substanzen als Hilfsmittel der Lebensgestaltung und der Lebensbewältigung besonders verlocken. Der Konsum von Drogen ist eine problematische Form der Lebensbewältigung im Zusammenhang mit altersspezifischen Entwicklungsaufgaben. Die Nutzung unterschiedlicher Drogen bildet einen jeweils spezifischen Ausdruck von persönlicher Lebensverarbeitung.

Fast alle Konsumenten – und beileibe nicht nur die ganz jungen – handeln in der Absicht, ihr Befinden zu verbessern. Neugier, Experimentierfreude, die Suche nach Grenzerfahrungen und den Wunsch nach Geselligkeit nennen die allermeisten Einsteiger als Motive. Vielen Jugendlichen reicht ein einmaliges Probieren aus, denn damit ist die Neugier gestillt, man kann mitreden und weiß jetzt aus eigener Erfahrung Bescheid. Es überwiegt der Konsum illegaler Drogen in Gestalt einer Episode in den Jahren zwischen zehn und zwanzig. Für manche Jugendliche sind aber die erfahrenen seelischen, körperlichen und sozialen Erlebnisse von so großer Bedeutung, dass sie beginnen, die Stoffe intensiver zu nutzen, verbunden mit der Gefahr der Gewöhnung, des Missbrauches und auch der Abhängigkeit. In der Art und Weise, in den Beweggründen für den Beginn und die eventuelle Fortsetzung des Drogenkonsums spiegelt sich ihre ganz eigene Auseinandersetzung mit der Lebenssituation, in der sie sich jetzt befinden.

Flügge werden: die Entwicklungsaufgaben der Jugend

Die Jahre zwischen zehn und zwanzig halten eine Fülle von Herausforderungen für Heranwachsende bereit: Ablösung von den Eltern, Hinwendung zu Gleichaltrigen, Aufbau einer Beziehung mit erotischer und sexueller Komponente, Aufbau eines eigenen Wert- und Orientierungssystems, Entwicklung der Schul- und Berufslaufbahn. Auch der Aufbau von selbständigen Konsummustern in vielen Sphären gehört zu diesen Entwicklungsaufgaben, besonders

74

der Konsum psychoaktiver Substanzen selbst, denn die legalen Substanzen gehören in unserem Kulturkreis zur Alltagsrealität. Den Umgang mit ihnen müssen Heranwachsende in unserer Gesellschaft, in der große Bevölkerungsgruppen diese Substanzen verwenden, erst einüben. Jeder heranwachsende Mensch steht fast zwangsläufig der Notwendigkeit gegenüber, sich zum Thema Drogen eine eigene Meinung zu bilden, sei es den Eltern gegenüber, sei es im Freundeskreis. Dass nahezu alle Jugendlichen Tabak und Alkohol probieren, um zu erfahren, wie sie schmecken und wirken, ist normal. Die ganz eigene Balance zwischen Kontrollverlust und Selbstverantwortung will schließlich noch gefunden werden, und das geschieht, in dem Erlebnisse zu Erfahrungen gerinnen. Die Zeit dafür scheint so günstig wie sonst nie im Leben – der Freiraum ist groß: Noch gibt es keine beruflichen oder familiären Bindungen, die dem Herumprobieren mit verschiedenen Stoffen entgegenstünden, weil sie der Neugier die Zügel späterer Verantwortungen anlegten. Auch die soziale Kontrolle des eigenen Verhaltens durch andere greift noch nicht so stark wie später: Was die Nachbarn sagen könnten, schert Kinder und Jugendliche erst recht herzlich wenig. Im Laufe der Jahre ändert sich das: Es gilt, einen Job zu erhalten, eine Familie zu ernähren, eine Beziehung zu bewahren – die wachsende Übernahme von sozialen, beruflichen und familiären Verpflichtungen ist wahrscheinlich die beste Erklärung für den Rückgang der Konsumraten psychoaktiver Substanzen, wie er zwischen dem 25. und 30. Lebensjahr in allen Studien festgestellt wird.

Das Heranwachsen selbst hält viele Herausforderungen, die sich leicht zu Krisen auswachsen können, bereit, die zudem noch ganz ohne die Weisheit der Erfahrung angegangen werden müssen. Schon allein das gleichzeitige Auftreten vieler Aufgaben, erst recht aber das Scheitern an ihnen hat verschiedene körperliche und seelische Beeinträchtigungen zur Folge: Es entstehen immer wieder Konflikte mit den Eltern, es gibt enttäuschende Erfahrungen mit der Liebe, es kommt zu Sinn- und Orientierungskrisen, Erlebnisse von Versagen in der Schule wollen verarbeitet sein, vielleicht muss man eine Außenseiterrolle in der Clique aushalten oder vermeiden da hinein zu geraten – wahrhaftig keine leichte Aufgabe. In allen diesen Bereichen können die Kräfte überfordert sein. Der Gebrauch von psychoaktiven Substanzen liegt in einer solchen Belastungssituation nahe, die leichte und fast unbegrenzte Verfügbarkeit von legalen und illegalen Substanzen tut ein Übriges. Das scheinbar so hilfreiche Angebot für die Verarbeitung oder Verdrängung erlebter Enttäuschungen nicht anzunehmen, ist schwer. Denn der Stoff hilft zuverlässig, die gewünschte Stimmung zu erreichen oder die nicht gewünschte Stimmung zu verdrängen. Im Drogenkonsum erwächst Kindern und Jugendlichen ein scheinbar passgenaues Mittel, ihre Schwierigkeiten erträglicher zu gestalten. Drogenkonsum kann für so manches stehen:

- eine Provokation gegen elterliche und gesellschaftliche Normen und Werte darstellen
- bewusst Kontrollvorstellungen der Eltern verletzen
- die Abwendung von den elterlichen Lebensgewohnheiten symbolisieren
- demonstrativ Erwachsenenverhalten vorwegnehmen
- sozialen Protest ausdrücken
- bestimmte Personen im Verhalten nachahmen
- die Suche nach grenzüberschreitenden und bewusstseinserweiternden Erlebnissen begleiten
- schnell Entspannung und Genuss verschaffen
- den Weg zu Freunden öffnen
- für das Wir-Gefühl der Clique stehen
- von Schulversagen ablenken
- psychische Probleme in eigener Regie bewältigen helfen
- von mangelndem Selbstbewusstsein ablenken.

Was die Gesundheit angeht, ist der frühe Konsum psychoaktiver Substanzen schlicht gefährlich: Während der Periode intensivster körperlicher und seelischer Entwicklung
den Weg der Manipulation eigenen Befindens über chemi-
sche Substanzen einzuschlagen, schädigt nicht nur den im
Wachstum befindlichen Organismus, sondern verhindert,
dass sich die Kräfte, mit denen Herausforderungen zu meistern sind, erst gar nicht entwickeln können. Besonders
das Hantieren mit illegalen Substanzen bringt noch ein
weiteres Element ins Spiel: Drogenkonsum kann eine
Spielart von jugendtypischem Risikoverhalten sein. Taten,
bei denen eine offensichtliche Gefahr für Leib und Leben
eingegangen wird, sind Statushandlungen und Reifesym-
bole zugleich. S-Bahn-Surfer, Kiffer, Ladendiebe, Auto-
knacker und Schulschwänzer – sie alle spielen teils an-
erkennend, teils ablehnend mit den Symbolen und
Handlungen aus der Welt der Erwachsenen. Das darf man
nicht unterschätzen. Zwischen zehn und zwanzig zählt die
Gegenwart, die Suche nach Anregung, Lust und Wohlbefinden überstrahlt alles andere. Ein langfristig objektiv
schädigendes, aber subjektiv attraktives Verhalten wird
nichtschädigenden, aber langweiligen und unattraktiven
Verhaltensweisen vorgezogen. Gruppendruck, Machtbe-
ziehungen, Prestige- und Einflusswünsche tragen viel dazu
bei, dass Drogen in die Mechanismen der Alltagsbewälti-
gung fest einbezogen sind.

Jede Droge macht den Weg für die nächste frei

In fast allen westlichen Gesellschaften gibt es kulturell
verankerte Schritte in der Abfolge des Konsums von psychoaktiven Substanzen. Die zuerst konsumierte Substanzen sind Arzneimittel, darunter einige mit psychoaktiven

Bestandteilen, es folgen Koffein, Nikotin und Alkohol, anschließend werden illegale Substanzen konsumiert, und zwar meist in der Reihenfolge Haschisch, Amphetamine, LSD, Heroin und Kokain. Auch die jüngste Studie der Bundeszentrale für gesundheitliche Aufklärung bestätigt für Deutschland diesen Trend. So wird das Einstiegsalter für Zigaretten mit 13,9 Jahren, für Alkohol mit 14,2 Jahren, Cannabis mit 16,7 Jahren, Ecstasy und Speed mit 17,2 Jahren, Heroin mit 18,0 Jahren und Kokain mit 18,3 Jahren angegeben. Das Einstiegsalter für Kopfschmerzmittel mit psychoaktiven Bestandteilen dürfte etwa bei fünf Jahren, für Retalin bei sechs und für Koffein bei acht Jahren liegen. Im Drogenaffinitätsbereich heißt es hierzu: „Betrachtet man den Konsum psychotroper Substanzen im Zusammenhang, so lassen die Ergebnisse der vorliegenden Studie erkennen, dass der Konsum verschiedener Substanzen als schrittweiser Lernprozess abläuft. Die Jugendlichen sind eher bereit, eine weitere Substanz zu probieren, wenn sie mit einer anderen bereits Erfahrungen gesammelt haben." So erhöht Rauchen die Wahrscheinlichkeit für intensiveres Alkoholtrinken bis zum Alkoholrausch. Häufige Alkoholrauscherfahrungen erhöhen die Wahrscheinlichkeit des Konsums von Cannabis. Wer Haschisch konsumiert, ist wiederum eher bereit, auch andere illegale Drogen wie Ecstasy, Amphetamine, LSD, Kokain und Heroin zumindest zu probieren. Die Konsumwahrscheinlichkeit erhöht sich dann besonders, wenn mehrere vorangehende Substanzen genommen wurden.

Die Sequenz in der Abfolge von Drogen, der Weg von Arzneimitteln und koffeinhaltigen Produkten, Nikotin, dann Alkohol bis zu Cannabis, Ecstasy, LSD, Kokain und Heroin erklärt sich aus sozialen und gesellschaftlichen Mustern, wobei vor allem die Verfügbarkeit der Substanzen und ihre Akzeptanz in der Bevölkerung den Ausschlag gibt. Zigaretten und Alkohol sind die bei weitem am meisten verbreiteten Drogen: bis zum Alter von 25 Jahren raucht jeder dritte Jugendliche Zigaretten und trinkt jeder vierte regelmäßig Alkohol.

Tendenzen und Trends im Drogenkonsum

Seit den 70er Jahren sinkt der Alkoholkonsum langsam ab. Vor allem während der Woche greifen immer weniger Jugendliche regelmäßig zu dieser Droge, an den Wochenenden jedoch ist der Konsum im Großen und Ganzen stabil geblieben. Bei Zigaretten ist die Konsumhäufigkeit in den letzten fünf Jahren wieder angestiegen, nachdem ebenfalls seit den 70ern ein Abfall zu verzeichnen war. Zugleich ist aber auch der Anteil derjenigen gewachsen, die noch nie geraucht haben. Bei den Arzneimitteln mit psychoaktiver Wirkung sprechen viele Anzeichen für einen steigenden Konsumtrend. Besonders solche Substanzen, die das Konzentrationsvermögen steigern und die Leistungsfähigkeit stärken, haben in den letzten Jahren mehr Gewicht bekommen, wie beispielsweise das Medikament Retalin, das meist bei Konzentrationsstörungen, Aufmerksamkeitsschwierigkeiten und schulischen Problemen verordnet wird.

Insgesamt lässt sich erkennen, dass die legalen psychoaktiven Substanzen, zu denen auch sämtliche koffeinhaltigen Produkte zählen, in den letzten Jahren zwar nur noch langsam, aber immerhin – wachsen. Auffällig ist dabei der steigende Verbrauch von Stoffen, die Leistungsfähigkeit fördern und ein schwindendes Interesse an solchen Substanzen, die benebeln und betäuben.

Dieser Trend ist noch eindeutiger bei den illegalen Substanzen zu erkennen. Sie haben seit den 70er Jahren immer stärker an Verbreitung gewonnen. Nach der Studie der Bundeszentrale für gesundheitliche Aufklärung haben heute bereits 21 Prozent aller Menschen in Deutschland Erfahrungen mit mindestens einer illegalen Substanz gesammelt. Die Werte sind über den gesamten Zeitraum der letzten 20 Jahre kontinuierlich angestiegen. Vermeintlich sanfte Drogen mit durchaus beträchtlichem Gefährdungspotential machen schon bei 13-Jährigen die Runde; drei Prozent der Mädchen und sechs Prozent der Jungen haben Haschisch bereits einmal ausprobiert. Cannabis ist die beliebteste unter den illegalen Substanzen – im Laufe ihres Lebens machen 16 von 100 Menschen Bekanntschaft mit Shit und Dope, Joint und Shillum; sechs von hundert werfen wenigstens einmal Ecstasy ein. Leistungssteigernde Substanzen, meist mit dem Wirkstoff Amphetamin, sind ebenfalls auf dem Vormarsch. Nach Schätzungen haben bereits etwa ein bis zwei Millionen Jugendliche und junge Erwachsene erste Erfahrungen mit Ecstasy, Amphetaminen und Halluzinogenen gemacht.

Auch die Droge Kokain erfreut sich weiter steigender Beliebtheit. Dem gegenüber ist Heroin in der Verbreitung in den letzten Jahren eher zurückgegangen. Auch bei den illegalen Substanzen lässt sich die Entwicklung als eine Hinwendung zu leistungsstabilisierenden und eine Abwendung von leistungszerstörenden Substanzen interpretieren. Doping für Körper und Geist? Nicht nur Job und Schule, sondern auch die Freizeit ist inzwischen für viele Angehörige der jungen Generation zu einem Leistungsbereich geworden, in dem schnell und intensiv gelebt werden soll. Die psychoaktiven Substanzen haben diese Entwicklung nicht ausgelöst, aber sie sind eine Erscheinung, die den gewachsenen Leistungsdruck in den verschiedenen gesellschaftlichen Sphären begleitet.

Die genaue Beobachtung von Nutzungstrends ist außerordentlich hilfreich für die Frage, wie illegaler Konsum und legaler Missbrauch einzudämmen sind. Alle Anzeichen, und seien sie noch so bescheiden, die auf eine Trendwende in der Verbreitung hindeuten, lohnen eine genaue Analyse der Ausgangslage. Es reicht nicht zu wissen, aus welchen Gründen Jugendliche zu Drogen greifen, vielmehr muss man auch herausfinden, warum sie damit wieder aufhören. Interessante Aufschlüsse gewähren Langzeitbeobachtungen – wie beispielsweise die kontinuierlichen Erhebungen in den Vereinigten Staaten, die ein deutliches Ansteigen des Marihuanakonsums bis zum Ende der 80er Jahre mit Werten um die 40 Prozent Nutzung in Studentenkreisen und einem kontinuierlichen Abfall dieses Konsums in allen Altersgruppen seit 1980 registriert haben. Die Verfügbarkeit von Marihuana hat sich in diesem Zeitraum nicht verändert: eine eingeschränkte Versorgungssituation erklärt also nicht, warum mehr und mehr Menschen in den Vereinigten Staaten vom Marihuanakonsum abrücken. Es ist eher so, dass parallel mit dem Rückgang des Marihuanakonsums die Ablehnung stieg und zugleich die Einschätzung, wonach der Marihuanakonsum erhebliche Risiken für die eigene Gesundheit in sich berge, immer mehr Anhänger gewinnt. Für den Konsumenten von Drogen spielt es auch keine erhebliche Rolle, ob es sich um eine legale oder illegale Droge handelt, wenn sie über ein mehr oder weniger des Stoffes entscheiden. Die Entscheidung, den eigenen Konsum zu drosseln, ist nach den vorliegenden Untersuchungen nicht in den strafrechtlichen Risiken verankert, sondern in den befürchteten Gesundheitsgefahren.

Rauchen, Trinken, Schlucken und Spritzen: eine ganz persönliche Wahl

Welche Droge Kinder und Jugendliche konsumieren, entspringt kaum einer Augenblickslaune. Einflüsse und Vorbilder innerhalb und außerhalb der Familie, individuelle Verarbeitungsstile und verschiedene Wünsche, Sehnsüchte und Bedürfnisse, die sich im Lauf der Lebensgeschichte entfalten, spielen eine größere Rolle als der Zufall. Zu jeder Droge führt ein eigener Weg, dessen Verlauf von der aktuellen Situation und der eigenen Lebensgeschichte bestimmt wird. Das Gemeinsame in der Vielfalt zu erkennen, haben sich viele repräsentative Studien zur Aufgabe gemacht, die meist auf den eigenen Angaben von Jugendlichen beruhen.

Hauptsache cool – die Muster im Tabakgebrauch

Zwischen 9 und 16 Jahren beginnen Mädchen und Jungen zu rauchen, zuerst gelegentlich, dann regelmäßig. Und mit den Jahren werden es mehr: eine Stichprobe in einer 7. Klasse ermittelte, dass 6,4 Prozent der Jungen und 7,6 Prozent der Mädchen rauchten – drei Jahre später waren es in derselben Gruppe schon 25,2 Prozent der Jungen und 28 Prozent der Mädchen. Bis zum 18. Lebensjahr steigt der Anteil der regelmäßigen Raucher auf etwa 35 Prozent an, weitere zehn Prozent bezeichnen sich als „Gelegenheitsraucher".

Der Griff zur Zigarette gedeiht in Gesellschaft: sind die Eltern oder die Freunde Raucher, liegt er näher. Dass Jugendliche heute immer früher beginnen, Zigaretten zu rauchen, hängt offenbar mit ihrem Wunsch zusammen, möglichst früh in die Welt der Erwachsenen einzutreten,

Selbständigkeit und Unabhängigkeit zu demonstrieren, spiegelt aber auch frühe Selbstwertkrisen und Probleme bei der Lebensbewältigung wider. Kinder und Jugendliche, die nicht die Anerkennung finden, die sie für ihre gesunde Entwicklung brauchen, versuchen häufig, das Rauchen als ein Attribut des Erwachsenseins zu nutzen, um ihr Selbstwertgefühl aufzubauen. Mehr als andere Substanzen bezieht das Nikotin seine Attraktivität nicht in erster Linie aus der Wirkung des Stoffes. Die Faszination des Rauchens dient der Stilisierung des eigenen Verhaltens, sie überstrahlt Hustenreiz und Schwindelgefühl, die sich unweigerlich bei den ersten Malen einstellen. Die Zigarette hilft, Situationen zu strukturieren – sie stiftet Kontakte. „Komm, rauchen wir eine zusammen", „Zigarette gefällig?" signalisiert Interesse und drückt den Wunsch nach Gemeinsamkeit aus. Mit der Kippe in der Hand demonstriert man Lässigkeit und Unbefangenheit, überspielt Unsicherheit und dämmt Erregung – es scheint einfach cool, zu rauchen. Über verschiedene Zigarettenmarken lässt sich ein bestimmter Lebensstil darstellen und in den Augen der anderen Individualität unterstreichen. Rauchen ermöglicht Anpassung und Abgrenzung zugleich – Ausdrucksformen, die für Jugendliche besonders interessant sind. Rauchen ist beides: ein Akt der Konformität mit der Erwachsenenwelt und gleichzeitig ein Aufbegehren gegen Normen und Autoritäten.

Alt genug für ein Glas – die Muster des Alkoholgebrauchs

Etwas später als die erste Zigarette, dafür aber noch stärker verbreitet als das Rauchen, beginnt das Trinken. Die meisten Jugendlichen haben bis zu ihrem 14. Geburtstag Erfahrungen mit Alkohol gesammelt, jeder Fünfte schon bis zum 12. und rund sechs Prozent schon am zehnten Geburtstag. Jungen trinken mehr als Mädchen, allerdings steigen die Anteile beider zwischen 13 und 16, 17 Jahren stark an. Knapp 40 Prozent der 16-jährigen Jungen und nahezu 30 Prozent der gleichaltrigen Mädchen wissen, wie sich das anfühlt, einen Rausch zu haben. Ganz ähnlich wie der Zigarettenkonsum ist auch der Alkoholkonsum ein Symbol für das Hineinwachsen in die Gewohnheiten der Erwachsenen. Das erste Glas wird selten heimlich getrunken, sondern fast immer mit der Billigung der Eltern. Väter laden ihre 13-jährige Söhne zum Bier vor dem Fernseher ein, Mütter gestatten ihren 14-jährigen Töchtern ein Gläschen Sekt zum Geburtstag. Damit beginnt früh im Leben eine Gratwanderung zwischen der Integration in allgemein übliche Verhaltensweisen und dem Risiko der Gewöhnung an Alkohol. Untersuchungen zur Persönlichkeitsstruktur der Konsumenten zeigen deutlich, dass ängstliche, verschlossene, empfindliche und leicht verletzbare Menschen mit einer geringen Frustrationstoleranz überdurchschnittlich häufig Alkohol konsumieren. Die Eltern geben häufig bei dieser Droge den Startschuss, die Gruppe von Gleichaltrigen greift das auf – das kann mit entsprechendem Gruppendruck schnell zur gefährlichen Gewohnheit werden: Jugendliche werden schneller abhängig als Erwachsene, schon nach zwölf oder achtzehn Monaten hohen regelmäßigen Konsums kann eine schwere Abhängigkeit die Folge sein. Es ist schwer, sich dem Gruppendruck zu entziehen: stark rauchende und trinkende Jugendliche haben meistens Freunde, die dasselbe tun. Alkohol taugt auch als Mittel zur Abgrenzung von den Eltern und anderen Erwachsenen. Viele versuchen, durch übermäßiges Trinken Stärke und Unabhängigkeit zu demonstrieren. Besonders junge Männer verfallen leicht in dieses Muster. Viele 12-, 13- und 14-Jährige erleben den Alkoholkonsum als ein Aufnahmeritual in die Männergesellschaft. Alkoholräusche vertragen sich sehr gut mit dem Klischee vom starken Mann, der viel vertragen kann – ein Motiv, das zwischen 12 und 16 Jahren dazu verhilft, sich gegenüber Mädchen abzugrenzen – und gar nicht so selten noch lange darüber hinaus: Mal richtig einen drauf machen und zeigen, wozu ein Mann imstande ist – wer kennt diese Sprüche nicht?

Etwa zwei bis drei Prozent der Jungen zwischen 14 und 25 konsumieren so viel Alkohol, dass sie bereits gesundheitlich schwer geschädigt sind. Rund 15 Prozent werden als Alkoholmissbraucher eingestuft. Ihnen gegenüber steht eine wachsende Minderheit, die um 20 Prozent herum liegt, die Alkoholkonsum ganz ablehnt beziehungsweise sehr kontrolliert konsumiert (60 %). Bei der überwältigenden Mehrheit zeigt sich ein genussorientierter, kontrollierter Gebrauch.

Für jedes Problem die passende Pille – die Muster des Medikamentengebrauchs

Wie die Großen greifen heute schon die Kleinen zu Medikamenten mit psychoaktiven Bestandteilen, um in unangenehmen Lebenslagen Entlastung, Ablenkung, Anregung und Leistungssteigerung zu erfahren. Wenn ihre Kinder sozial und seelisch abweichende Verhaltensweisen an den Tag lagen, neigen viele Eltern dazu, mit Medikamenten Abhilfe zu schaffen. 14 Prozent der jungen Menschen zwischen 12 und 24 Jahren geben an, täglich Medikamente einzunehmen, jeder Zweite von ihnen gelegentlich – aber alle nach eigenem Gutdünken: ohne medizinischen Grund, auf Anraten oder nach dem Vorbild der Eltern und meistens ohne ärztliche Verordnung. Arzneimittel sind die großen Gewinner im Rennen um die Käufergunst. Innerhalb der letzten zehn Jahre hat sich der Konsum von Erkältungs- und Schmerzmitteln verdoppelt, der von Mitteln gegen Allergien verdreifacht. Die ersten Pillen werden schon im Vorschul- und besonders im Grundschulalter geschluckt – an der Spitze stehen schon hier Medikamente gegen Schmerzen oder Erkältungen. Anders als beim Fernsehen, Süßigkeiten oder Essgewohnheiten ist es bis weit ins Grundschulalter hinein ausschließlich der Erwachsene, der den Konsum der Kinder bestimmt. Da werden bestimmte Verhaltensregeln weitergegeben, die später problematisch sein können. Die Botschaft von Eltern an Kinder, Gesundheit sei in Tablettenform konsumierbar, stellt Weichen: Die „Darreichungsform" von Ecstasy als Tablette kann durchaus auf positive Vorurteile aufbauen. Tabletten werden einfach seit frühester Kindheit als stofflich sauber, in der Anwendung einfach und vor allem als hilfreich angesehen.

Die Schule spielt beim Gebrauch und der Vergabe von Medikamenten eine große und bislang weithin unterschätzte Rolle. Schulische Leistungsprobleme und die Sorge, an den selbstgesetzten Zielen für die Schullaufbahn zu scheitern, führen zu psychosomatischen Beschwerden. Versetzungsgefährdungen und Klassenwiederholungen können deutliches körperliches Missbehagen auslösen und sich in Kopfschmerzen, Magenschmerzen, Schwindelgefühlen, Schlafstörungen und Übelkeit äußern. Hier liegt eine Ursache für den verstärkten Arzneimittelgebrauch. Nahezu alle Medikamentengruppen kommen verstärkt zum Einsatz, wenn Jugendliche über gesundheitliche Beschwerden klagen. Mädchen reagieren dabei stärker als Jungen. Viele Ärzte sind geneigt, Kindern bei Konzentrationsstörungen, Hyperaktivität, Bettnässen und Leistungsstörungen Medikamente zu verschreiben. Dieses Verfahren übersieht, dass es sich bei Störungen dieser Art meistens um seelisch bedingte Auffälligkeiten handelt, die mit dem Familienklima und dem Erziehungsverhalten, aber auch mit schulischen Problemen zusammenhängen. Mädchen verbrauchen mehr als Jungen. Sie neigen deutlicher zu psychosomatischen Beschwerden und sind eher bereit, einen Arzt aufzusuchen. Mit dem Medikament wählen Mädchen die stille und unauffällige Art, ihre Schwierigkeiten zu verarbeiten. Sie fallen weder in der Schule noch im Job auf, sind eher ängstlich und zurückhaltend. Typisch weiblich? Jedenfalls scheint der Konsum von Medikamenten dem traditionellen Rollenbild von Mädchen und Frauen besonders zu entsprechen. Doch bei beiden Geschlechtern steigt der Arzneimittelkonsum mit dem Alter an; Erkältungs- und Schmerzmittel liegen in jeder Altersstufe an der Spitze. Von den medizinisch-körperlichen Nebenwirkungen der Substanzen einmal abgesehen, ist das seelische und soziale Konsummuster hier besonders riskant. Der eigene Körper und das Befinden wird als beliebig manipulierbar über die willkürliche Zufuhr chemischer Substanzen empfunden. Wer dagegen gelernt hat, körperliche Schwächen und Ausfallzeiten zu ertragen, kann auch mit seelischen Schieflagen offener und gelassener umgehen als derjenige, der meint, in jedem Fall und sofort schwere medizinische Geschütze auffahren zu müssen. Die medikamentöse Behandlung mangelhaften Wohlbefindens verhindert, sich produktiv mit Anspannung und Anforderungen auseinander zu setzen und die eigentlichen Ursachen zu bearbeiten. Jugendliche erlernen eine mechanisch-pharmakologische Reaktion auf Anspannung, Frust und Stress – schon aus Gewohnheit. So gesehen zeigt der Medikamentenmissbrauch eine ganz ähnliche Problematik wie der Missbrauch anderer psychoaktiver Substanzen.

„Hast du schon mal?" – „Nee" – „Willste?" – „Klar" – Muster des Gebrauchs von illegalen Drogen

Der Zusammenhang sticht ins Auge: Auffällig häufig beginnen Jugendliche illegale Drogen zu sich zu nehmen, wenn sie starke Tabak- und Alkoholkonsumenten sind. Die Wahrscheinlichkeit des Übergangs vom legalen in den illegalen Drogenkonsum liegt bei etwa 30 Prozent, doch umgekehrt ist die Wahrscheinlichkeit, dass ein Konsument illegaler Drogen bereits legale konsumiert, bei 70 bis 80 Prozent anzusetzen.

Kiffen ist der Inbegriff jugendtypischen Risikoverhaltens schlechthin. Der Einstieg in den Haschischkonsum erfolgt meistens als Probier- und Experimentierverhalten zwischen 15 und 20 Jahren, wobei Jungen häufiger kiffen als Mädchen. Zwischen 15 und 30 Prozent rangieren die Schätzungen über die Anzahl der 20-Jährigen mit einschlägigen Erfahrungen. Rund fünf Prozent behalten die Gewohnheit bei, etwa zwei Drittel derjenigen belassen es beim Probieren. Die Ausgangskonstellation für den Haschischgebrauch ähnelt der des Alkoholmissbrauchs. Bei den jeweiligen Jugendlichen finden sich sehr häufig tiefsitzende Familienkonflikte mit schweren Störungen der zwischenmenschlichen Beziehung, starke Entwicklungskrisen, teilweise auch depressive Neurosen und unsicher-labile sowie ängstlich verschlossene Persönlichkeitsmerkmale. Selbstwertkonflikte spielen häufig mit hinein: Anfangs geht es nur darum, über das Probieren mitreden zu können, aber bei etwa einem Drittel der Konsumenten schlägt es zur Gewohnheit und Abhängigkeit um. Ob es dazu kommt, hängt wie bei anderen Drogen auch von Persönlichkeit, Umwelt und biologischen und psychologischen Rahmenbedingungen ab. Der größte Teil der Jugendlichen, die Haschisch konsumieren, hört damit auch wieder auf. Etwa 10 bis 30 Prozent jedoch setzt die Drogenkarriere fort, zum Haschisch stellen sich weitere illegale Drogen ein. Welche illegale Substanz mit welchem Abhängigkeits- und Wirkungstyp gewählt wird, hängt mit den spezifischen Stilen der Lebensbewältigung und der Angst- und Belastungs- und Stressbekämpfung zusammen, die ein Jugendlicher zu diesem Zeitpunkt entwickelt hat. Der Heroin-Missbraucher wählt ein Mittel, das ihm Rückzug und Verdrängung gestattet und ihm einen Zustand geringerer Empfindlichkeit für Umweltreize und Wahrnehmungsfähigkeit beschert. Wer Amphetamine nimmt, setzt auf erhöhte Wachsamkeit, Unterdrückung von Müdigkeit und Bekämpfung der Passivitätsängste angesichts einer als feindlich empfundenen Umwelt. Der Konsument von Kokain setzt auf die euphorisierende Wirkung und die Halluzinationseffekte. Viele Forscher führen die jeweils gewählte Droge auf verschiedene konflikthaft verlaufende Entwicklungsphasen in der eigenen Lebensgeschichte zurück, bei der die Beziehung zu den Eltern offenbar eine wichtige Rolle spielt. Extreme Erziehungsmuster tragen außerdem dazu bei, Drogenkonsum zu stabilisieren. Die problematischen Erziehungsmuster bewegen sich zwischen überfürsorglicher Verwöhnung auf der einen Seite und dominanter Bevormundung bei autoritärer Entwertung der Persönlichkeit auf der anderen Seite. Unbewusst und ungewollt verhindern Eltern bisweilen die Identitätsentwicklung und Ablösung ihres Kindes vom Elternhaus, wobei der Drogenkonsum eine verhängnisvolle Bindungsfunktion erfüllen kann.

6. Kapitel:
Tabak, Alkohol und Medikamente

Als Genussmittel erlaubt

Alkohol, Koffein und Nikotin haben wir uns angewöhnt, als Genussmittel zu bezeichnen. Obwohl sie weltweit die am weitesten verbreiteten Suchtstoffe sind, haben sie einen festen, gemeinhin akzeptierten Platz in unserem Alltagsleben, unserer Kultur und unserer Wirtschaft. Bis auf wenige Einschränkungen wie beispielsweise den verschreibungspflichtigen Medikamenten sind legale Drogen frei konsumierbar: Alkoholische Getränke und Zigaretten sind in unzähligen Läden, Automaten und Restaurants unbegrenzt erhältlich. Die Jugendschutzgesetze, wonach Alkohol und Zigaretten erst ab 16 verkauft werden dürfen, gelten, sind aber leicht zu umgehen.

Die Unterscheidung von legalen und illegalen Stoffen gehorcht arzneimittelrechtlichen, gesundheitspolitischen und strafrechtlichen Erwägungen, die nicht direkt mit Wirkung und Folgen der Substanzen zusammenhängen, die aber viel von der Art mit bestimmt, wie wir über Drogen jedweder Art denken und sprechen – und auch, welche wir als gefährlich wahrnehmen.

Die Definition von legal – illegal ist doppelbödig: Über illegale Drogen kann nach dieser Unterscheidung ganz und gar negativ gesprochen werden – es muss sogar negativ gesprochen werden, denn der Gebrauch dieser Substanzen ist verboten. Über die erlaubten Genussmittel wird auch ne-

90

gativ gesprochen, etwa über die Schäden, die Tabak und Alkohol verursachen. Und es werden berechtigte Warnungen ausgesprochen. Dennoch bleibt es in die Verantwortung des Einzelnen gestellt, angemessen mit diesen Substanzen umzugehen – ein angemessener Umgang wird immerhin als möglich, denkbar und häufig ja auch erfolgreiches Unterfangen unterstellt. Hier zeigt sich eine Schwachstelle des allgemeinen Umgangs mit der Drogenthematik: Trotz aller Bedenken und Warnungen vor Schnaps und Zigaretten gehören die Drogen Alkohol, Nikotin und Koffein zu unserer Lebensqualität, so dass eine positive Bewertung und ein Genießen eines edlen Weines, eines kühlen Bieres, eines würzigen Tabaks und eines guten Kaffees unausbleiblich ist. Und dieser Genuss findet statt, Tag für Tag unzählige Male und ohne schlechtes Gewissen, an besonderen Orten, die es für den Konsum dieser Substanzen gibt: im Restaurant, im Cafe und in der Eckkneipe oder zu Hause. Besondere Regeln und Rituale begleiten diesen Konsum. Bei diesen Gelegenheiten sprechen wir nicht negativ über die Droge, die wir gemeinschaftlich genießen, im Gegenteil. Es gibt genau umrissene gesellschaftliche Situationen, in denen positive Aussagen über diese Drogen zulässig sind: Frei erhältliche Arzneimittel dürfen in der Werbung genauso angepriesen werden wie das erwiesenermaßen abhängig machende Nikotin oder der Alkohol. In der Medizin dürfen bestimmte Substanzen als Segen für die Menschheit herausgestrichen werden. Seit 3000 Jahren wird der Wein besungen, seit 300 Jahren gibt es Hymnen auf den Tabak, den Kaffee, den Tee und die himmlische Schokolade.

Über die illegalen Drogen hingegen sprechen wir ausschließlich in düsteren Worten von Gefahr und Bedrohung. Es bleibt heute angesichts der Herausforderung durch immer mehr Substanzen, für deren Konsum kulturelle Muster kaum zur Verfügung stehen, ein schwieriges Unterfangen, über Drogenkonsum positiv sprechen, ohne sich sogleich dem Vorwurf der Ahnungslosigkeit oder des Zynismus auszusetzen. Aber nur eine differenzierte Auseinandersetzung über die fraglichen Substanzen, die sachliche Information, menschliche Einfühlung in die Lebensumstände des Konsumierenden und zumindest die gedachte Möglichkeit einer eigenen Verantwortung miteinbezieht, kann der Zwiespältigkeit und dynamischen inneren Ambivalenz der Stoffe – legal wie illegal – gerecht werden. Wenn aber die künstliche Trennung zwischen legalen und illegalen Stoffen, die sich in der alltagspraktischen Unterscheidung von gefährlichen Drogen und erlaubten Genussmitteln niederschlägt, weder pharmakologisch, noch soziologisch, noch hinsichtlich der Gesundheitsgefahren einen Sinn ergibt, verpufft auch der noch so gut gemeinte Versuch, über erlaubte Drogen differenziert positiv und negativ zu sprechen, während über unerlaubte nur negativ geredet werden kann. Auch der Ausweg, kultureigene von kulturfremden Drogen zu trennen, erweist sich bald als Holzweg: Diese Unterscheidung erleichtert es uns nur, über die Drogen der anderen zu reden und die eigenen auszusparen – abgesehen davon, dass unsere kultureigenen Drogen wie die Psychopharmaka, der Beaujolais Primeur oder der Nescafé blutjunge historische Errungenschaften sind und eigentlich viel kulturfremder als Cannabis, Kokain oder Opiate. Kein Wunder, dass die schwarz-weiß-malerischen Definitionen mitsamt ihren Folgen sich schnell als der am wenigsten glaubwürdige Punkt heutiger Drogenarbeit und -politik entpuppen – die heranwachsenden Kinder und Jugendlichen haben das längst gemerkt, wenn sie die Besorgnis ihrer Eltern angesichts des kreisenden Joints mit der Bemerkung quittieren: „Eure Flasche Wein am Abend ist doch viel gefährlicher."

Das Ideal des drogenfreien Lebens

Die Vorstellung von einem gelingenden Leben, das den vielfältigen Anstrengungen, die Jugend vor Drogen zu schützen, zugrunde liegt, gewinnt auf dem Hintergrund der europäischen Kulturgeschichte des Weines, des Bieres, des Kaffees, der Schokolade und des Tabakrauchens etwas Befremdendes. Zweifellos ist es gut, wenn es alkoholfreie Veranstaltungen gibt und erfreulich, wenn man nicht auf allen Wegen in Tabakqualm gehüllt wird. Dass Menschen nur mit Mineralwasser wirklich glücklich werden können, der Alk-Teufel hingegen schon im Rum-Aroma für den Marmorkuchen lauert, glaubt ernsthaft wohl heute kaum noch jemand. Aber der Mythos, mit dem ersten Joint sei der Weg in die Drogenkarriere besiegelt, hält sich hartnäckig. Die Wahrheit ist unbequemer: Unsere legalen Genussmittel, Zigaretten und Alkohol, sind die eigentlichen Einstiegssubstanzen in andere Drogengebrauchsformen. Anders gesagt: Nicht jeder 12-jährige Raucher endet als Junkie, aber kaum ein Heroinabhängiger hat noch nie Zigaretten geraucht oder Alkohol getrunken.

Nicht nur in der modernen Konsumgesellschaft, sondern schon im jahrhundertealten abendländischen Menschenbild ist der Lebensgenuss, körperlich-sinnliches Wohlbehagen und geistige Freude tief verankert. Das mag ein Grund dafür sein, dass Verbote, wo immer sie mit dem Ziel der Abstinenz von einer bestimmten Droge verhängt wurden, die gewünschte Wirkung nicht erreicht haben. Dies gilt nicht nur für das deutsche Betäubungsmittelgesetz, sondern ebenso für die skandinavische Kontrollpolitik gegenüber dem Alkohol und auch für die nordamerikanische Prohibition von 1919 bis 1933. Es gilt sogar für die Kaffee- und Teeverbote zwischen 1766 und 1786, die zwar zu starkem Schmuggel, zur Erfindung vieler Ersatz-Kaffees führten und Arbeitsplätze für unzählige Inspecteurs, Controlleurs, Visitateurs und den berühmten Kaffee-Riecher schuf, aber niemanden, der sich das Vergnügen leisten konnte, davon abhielt, Kaffee oder Tee zu trinken. Ein langfristiges Konsumverbot ließ sich weder in England, Deutschland, der Türkei, China, Russland oder Japan dauerhaft aufrechterhalten: auch weil sich mit dem Tabakhandel große Einnahmen erzielen ließen (und lassen). Spanier und Portugiesen lernten die Tabakpflanze und ihren Gebrauch in Amerika kennen und brachten sie im 18. Jahrhundert nach Europa. Zunächst galt das Pfeiferauchen als die gebräuchlichste Konsumform, daneben begann die europäische Aristokratie den fein zerriebenen Tabak zu schnupfen. Im 19. Jahrhundert schmückte sich das Bürgertum mit der Zigarre, im 20. Jahrhundert überflügelte die Zigarette alle anderen Konsumformen und behauptete sich als Alltagsdroge des kleinen Mannes. Der Siegeszug des Tabaks um die ganze Welt kann als die größte Drogenepidemie aller Zeiten gelten: das Tabakrauchen ist eine der am meisten gesundheitsgefährdenden Formen des Drogenkonsums überhaupt. Die Krankheits- und Todesfolgen sind beträchtlich. Ein Genussmittel? Das Rauchen als quasi-rituelle Handlung sehen viele schlicht als Symbol der Geselligkeit an – in Deutschland rauchen etwa 36 Prozent der erwachsenen Bevölkerung regelmäßig.

Ähnlich liegen die Dinge beim Alkohol: als fester Bestandteil unserer Alltagsvollzüge ist er kaum wegzudenken. Alkohol wird quer durch alle Schichten in nahezu allen Situationen und weitgehend unabhängig vom Alter genossen. Seine Wirkung ist sozial erwünscht: Hemmungen schwinden, das Wohlbefinden wächst, die Stimmung steigt und der Kontakt zu anderen fällt leichter. Sogar ein Zuviel des Guten sprengt nicht den Rahmen des gesellschaftlich Erlaubten: Einen über den Durst zu trinken, gilt bei Partys, Betriebsausflügen oder Kneipentouren am Wochenende den meisten Menschen als völlig legitim. Gleichwohl sind die Folgen des Konsums erschreckend: Jährlich sterben in Deutschland mindestens 40 000 Menschen an den unmittelbaren und mittelbaren Folgen des Alkoholmissbrauchs.

Es gibt unter den bekannteren und stärker verbreiteten Drogen keine einzige, die in allen Kulturen oder zu allen Zeiten erlaubt oder verboten gewesen wäre. Wer sich diesen Sachverhalt vor Augen führt, nimmt den einzelnen Drogen viel von ihrer substanzbezogenen Absolutheit und erkennt, wie stark jede Droge in einen Zusammenhang von Kulturmilieus gebettet ist, der ihre Bewertung, ihr Image und ihren Gebrauch bestimmt und erst jenseits von Heiligenschein und Verteufelung ein solides Maß an Veränderbarkeit offenbart.

Dem Streben nach Genuss und vielleicht auch dem Bedürfnis, sich zu berauschen, das vielen Anthropologen längst als ein Grundtatbestand der leib-seelischen Ausstattung des Menschen gilt, haftet etwas Unwandelbares an. Der Siegeszug der Zigarette, die Salonfähigkeit des Alkohols, das Angesagtsein des Joints unserer Tage in weiten Kreisen der Bevölkerung sind Beispiele, die das genaue Hinsehen und die ehrliche Auseinandersetzung mit verschiedenen Substanzen in Gang setzen könnten: Was einmal in die Welt gekommen ist, sei es durch die Natur, menschlichen Erfindergeist oder den weltumspannenden Handel, ist von nun an da und wir müssen lernen, damit zu leben – jenseits von Panikmache oder Verharmlosung. Das gilt nicht nur für legale oder illegale Drogen, aber auch für sie.

Legale Drogen und ihre Wirkung:
Nikotin, Alkohol, Medikamente, Schnüffelstoffe

Nikotin

Der Wirkstoff stammt aus dem Blatt der Tabakpflanze, das gestoßen, geschnitten, seltener gemahlen wird, öligfarblose Flüssigkeit. Die Indianer Mittelamerikas kauten die Tabakblätter vermischt mit Kalk und setzten damit die Wirkstoffe besser frei. Das Rauchen der Blätter war dabei ähnlich wie in Asien an bestimmte Zeremonien gebunden; außerdem schrieb man dem Tabak heilende Wirkungen zu.

Gepafft oder inhaliert als Zigarette, Zigarillo, Zigarre oder Pfeifenfüllung, seltener gekaut oder geschnupft, entwickelte sich das Nikotin zum Genussmittel – ungeachtet seines beträchtlichen Gefahrenpotentials. Bei erstmaligem Konsum stellt sich mitunter Übelkeit, Erbrechen und Durchfall ein. Der Gewohnheitsraucher schätzt die anregende und zugleich beruhigende Wirkung, das Gefühl von Souveränität und Gelassenheit stellt sich ein. Bei hohem Verbrauch kehrt sich die Wirkung um: Nerven werden gelähmt, Blutgefäße verengt, die Durchblutung aller Organe ist beeinträchtigt, der Blutdruck sinkt, die Konzentration ist gestört.

Nikotin, Kohlenmonoxid und Teer sind die bekanntesten Schadstoffe im Tabakrauch. Nikotin ist ein starkes Gift, das abhängig macht. Mit jeder Zigarette atmet der Rauch etwa ein Milligramm ein, die tödliche Dosis liegt bei etwa 50 Milligramm. Kohlenmonoxid ist zu etwa vier Prozent im Rauch enthalten und wird vom Blut aufgenommen. Dort blockiert es die Sauerstoffversorgung der Organe und trägt zur frühzeitigen Verkalkung der Blutgefäße bei. Teer setzt sich als Reizstoff in den Atmungsorganen ab, wo er nur langsam wieder abgebaut wird und auf diesem Wege in Nieren und Blase gelangt. Etwa 40 der Hunderte von Schadstoffen im Tabakrauch gelten als Krebs erregend. Sie können vor allem zu Mundhöhlen-, Speiseröhren-, Kehlkopf- und Lungenkrebs führen. Neben dem erhöhten Krebsrisiko leben Tabakkonsumenten in der Gefahr, einen Herzinfarkt zu erleiden. Das Giftgas Kohlenmonoxid im Blut verhindert nicht nur die Aufnahme des Sauerstoffs, sondern beeinträchtigt auch die Fähigkeit des Herzens, Sauerstoff in Energie umzuwandeln.

Auch das passive Mitrauchen ist gefährlich: das Einatmen des so genannten Nebenstromrauches, der durch die Verbrennung bei wesentlich geringeren Temperaturen weit mehr Schadstoffe enthält als der vom Raucher selbst eingeatmete Hauptstromrauch.

Beim Tabakrauchen steht nicht die körperliche Abhängigkeit im Vordergrund. Starke Raucher wollen die beruhigende oder anregende Wirkung der Zigarette nicht missen; das Wohlgefühl beim Rauchen koppelt sich an tägliche Routinehandlungen an – eine seelische Abhängigkeit entsteht, die von Alltagsritualen, Situationen und mitmenschlichen Kontakten bestimmt wird. Raucher entwickeln schnell ein großes Verlangen, den Genuss zu wiederholen: nicht so sehr das Streben nach Genuss gibt den Ausschlag als vielmehr das Vermeiden von Unlust, die sich mit dem Verzicht unweigerlich einstellt.

Alkohol

Zucker oder Stärke verschiedener Pflanzen geben den Grundstoff für den Trinkalkohol ab, der durch Gärung gewonnen wird. Reiner Alkohol ist farblos. Alkoholische Getränke sind uralte Genussmittel, die schon seit Jahrtausenden hergestellt und genossen werden. Am Anfang waren das hauptsächlich Bier und Wein, hochprozentige Destillate lernte man erst vor rund tausend Jahren herzustellen.

Alkoholische Getränke werden häufig mit anderen legalen Drogen kombiniert: ein Glas Wein oder Bier und die Zigarette dazu, der Kaffee mit Kognak, gelegentlich werden mit alkoholischen Getränken auch Medikamente eingenommen; Schmerz-, Beruhigungs-, Schlafmittel, seltener Stimulantien.

Alkohol beflügelt die Stimmung und löst Verkrampfungen, steigert das Selbstwertgefühl. Auch der Alkohol verstärkt Grundstimmungen – er heitert auf, macht aggressiv oder nur depressiv und traurig. Im Trinken geht die Steuerungsfähigkeit verloren; torkeln und lallen sind Begleiterscheinungen des Kontrollverlusts, Konzentrationsfähigkeit und Reaktionsgeschwindigkeit lassen rasch nach. Die individuelle Toleranz ist verschieden, die Gefahr körperlicher und seelischer Abhängigkeit kann entstehen. Bei starker Dosis sind Bewusstlosigkeit und Lähmungen die Folge, Alkoholvergiftungen können zum Tod führen. Starker, regelmäßiger Konsum schädigt die inneren Organe, das Gehirn und das Nervensystem und verändert die Persönlichkeit. Im fortgeschrittenen Stadium der Suchtentwicklung sind Wahnvorstellungen und Delirien nicht selten. Das Suchtpotential des Alkohols ist enorm: Je nach Veranlagung beherrscht eine schnelle seelische, bei längerer Gewöhnung auch schwere körperliche Abhängigkeit den Menschen, die schwer zu durchbrechen ist. Die Gefahr eines Rückfalls bleibt oft lebenslang bestehen.

Alkohol hat neben gesundheitsschädigenden auch gesundheitsfördernde Effekte: Eine geringe Menge scheint die meisten Menschen in unserem Kulturkreis nicht zu schädigen – vor allem, wenn sie nur gelegentlich und in entspannten Situationen trinken. Die Schwelle zur schwer wiegenden Schädigung der Gesundheit liegt beim regelmäßigen Konsum von mehr als 40 Gramm Alkohol pro Tag bei Frauen und 60 Gramm bei Männern – und zwar nicht nur für sie selbst, sondern auch für andere: zahllose Unfälle am Arbeitsplatz, im Straßenverkehr und in der Freizeit sind auf Alkoholkonsum zurückzuführen. Auch bei Straftaten wie Körperverletzung, Totschlag und Vergewaltigung spielt Alkohol häufig eine große Rolle.

Medikamente

Arzneimittel sind natürliche oder künstlich hergestellte Stoffe, die in körperliche, geistige und seelische Vorgänge eines Menschen eingreifen. Sie dienen in erster Linie der Heilung oder der Linderung von Leiden und sind dabei unbestritten hilfreich. Allerdings können sie gesundheitsschädigend missbraucht werden und zu Erkrankungen, zu Abhängigkeit und Sucht führen. Vor allem solche Substanzen, die auf das zentrale Nervensystem einwirken und seelische und damit auch Verhaltensänderungen hervorrufen, die so genannten Psychopharmaka, bergen große Suchtgefahren. Zu ihnen gehören die Psychanalgetika (psychisch aktivierende Substanzen, z. B. mit antidepressiver Wirkung), Psycholeptika (Substanzen mit dämpfender Wirkung, spannungslösend, antidepressiv, beruhigend), Psychostimulantia/Psychotonika (Substanzen mit anregender und antriebssteigernder Wirkung). Da sehr viele Medikamente mehrere Wirksubstanzen enthalten, entstehen kombinierte Wirkungen, die den Missbrauch erleichtern, weil sie als überaus angenehm empfunden werden können und deshalb das Verlangen wecken, sich dieses Medikament immer wieder zu besorgen.

Das abhängig machende Potential der Stoffe richtet sich nach deren chemischer Zusammensetzung. Schmerzmittel lindern oder stillen Schmerzen – und haben eine anregende Nebenwirkung. Schlafmittel wirken nicht nur schlaffördernd, sondern beruhigen und mildern Angstzustände. Beruhigungsmittel entkrampfen, lösen Spannung und Angst und vermitteln das beruhigende Gefühl, Probleme vermeintlich gelöst zu haben. Weck- und Anregungsmittel steigern den Antrieb und vermitteln die Illusion gestiegenen Leistungsvermögens.

Medikamente können wie andere Drogen auch körperliche und seelische Abhängigkeit bewirken; je nach Stoff, Dauer, Dosis und Art der Einnahme. Hinzu kommt die besondere Gefahr, die von der Situation ausgeht, die den Griff zur Pille nahe legt. Arzneimittelmissbrauch bis hin zur Tablettenabhängigkeit beginnt bei Kindern und Jugendlichen meist zu Hause. Aber auch die unkritische Verschreibungspraxis von Ärzten und die verharmlosende Medikamentenwerbung haben viel dazu beigetragen, dass von immer mehr Menschen immer mehr Medikamente geschluckt werden. Die verschiedenen psychoaktiven Medikamente vom codein-haltigen Hustensaft bis zum Ritalin für den Zappelphilipp, die an Kinder und Jugendliche verabreicht werden, sind lange Zeit unterschätzt worden. Die Deutsche Hauptstelle gegen die Suchtgefahren in Hamm weist in einer Information für Ärzte insgesamt rund 1600 Medikamente mit so genanntem Missbrauchspotential nach – Arzneimittel mit mehr oder weniger starker Suchtgefährdung auf dem deutschen Pharma-Markt, die auch schon im frühen Lebensalter verschrieben werden.

Die Hemmschwelle ist allgemein niedrig: Tabletten, Zäpfchen und Tropfen sind schnell zur Hand, wenn's kriselt. Viel zu häufig und viel zu früh verabreichen Eltern ihren Kindern Medikamente, um kleine und größere Formtiefs zu kurieren. Die medikamentöse Behandlung von schlechtem Befinden oder auffälligem Verhalten birgt zwei Gefahren. Sie verstellt den Blick für andere, gesündere Möglichkeiten, das bestehende Problem zu lösen. Außerdem unterdrücken Arzneimittel wie Psychopharmaka die Alarmsignale des Körpers, aber sie beseitigen nicht ihre Ursache: das Mittel bringt sie lediglich zum Schweigen.

Wenn auf jedes Wehwehchen mit der entsprechenden Pille reagiert wird, lernen schon Kinder, Tabletten als Helfer in allen Lebenslagen zu betrachten nach dem Motto: Wenn ich ein Problem habe, werfe ich eine Pille ein und dann ist es weg. Taugliche Bewältigungsfähigkeiten und sei es nur die Fähigkeit, unangenehmes Befinden und Schmerz auch einmal zu ertragen, können sie so nicht entwickeln.

Die Langzeitfolgen der verschiedenen Schmerz-, Beruhigungs-, Schlaf- und Aufputschmittel sind beträchtlich:

Schmerzmittel schädigen Leber und Nieren, sind für Koordinationsstörungen verantwortlich und beeinträchtigen das Bewusstsein. Die Seele stumpft ab, die innere Spannkraft geht verloren.

Schlaf- und Beruhigungsmittel schädigen Atmungsorgane und Gefäße, stören die Leberfunktionen und bewirken Krämpfe in Magen und Darm. Der Körper verfällt, die Konzentrationsfähigkeit schwindet. Depressionen und Wahnvorstellungen können sich einstellen.

Weck- und Anregungsmittel steigern die Leistungsfähigkeit; auf Dauer lösen sie planlose Aktivität und hektische Rastlosigkeit aus. Zusammen mit Schlafmitteln setzen sie einen Teufelskreis von uppers & downers in Gang: morgens Aufputschmittel und abends Schlafmittel. Angstbilder und Wahnvorstellungen, Blutdruckschwankungen, Kollaps, Depression können die Folge sein, ständiges Misstrauen, Organstörungen und -schäden drohen.

Schnüffelstoffe

Sie haben ihren Namen durch die Anwendung erhalten, nicht zu verwechseln mit anderen inhalierbaren Drogen wie Kokain, Cannabisprodukten oder LSD-Trips. Schnüffelstoffe sind organische Lösungsmittel, die überall leicht zugänglich und dazu recht billig zu haben sind: Nitroverdünner, Nagellackentferner, Fettlöser, Kleber und ihre Verdünner, Filzschreiber, Haarsprays, Kraftstoffe, Flüssiggas. Ihre Einzelbestandteile sind verschiedene Kohlenwasserstoffe, Alkohole, Ketone, Ester und Äther.

Das Einatmen der Dämpfe, oft unter einem Tuch oder mit einer Plastiktüte über dem Kopf, bewirkt zunächst Übelkeit, Kopfschmerzen und Atemnot, danach verändern sich die optischen und akustischen Sinneswahrnehmungen. Gefühle von Schwerelosigkeit und betäubter Euphorie, aber auch unberechenbare Stimmungsschwankungen, Lähmungen, Krämpfe, Bewusstseinsstörungen bis zur Ohnmacht begleiten den Rausch. Herzstillstand und Kehlkopfkrämpfe können zum plötzlichen Schnüffeltod führen.

Neben Verbrennungen und Verätzungen der Atemwege gehören chronische Kopfschmerzen, Schlaflosigkeit, Appetitmangel, Entwicklungsverzögerungen und die Gefahren, die von waghalsigen Unternehmungen, die das eigene und das Leben der anderen gefährden, zu den Langzeitfolgen. Spastische Lähmungen und Verblödung treten hinzu. Das Risiko der psychischen Abhängigkeit ist erheblich.

7. Kapitel:
Auftakt oder Ausrutscher: Warum viele Jugendliche zu Drogen greifen

Am Anfang steht die Neugier: Der Wunsch, die Wirkung einer Droge kennen zu lernen und interessante Gefühlszustände zu erleben, gilt in Expertenkreisen als das wichtigste aktuelle Motiv für den Konsumeinstieg. Der erste Joint, das erste Bier, die erste Zigarette und der erste Trip fallen bei der überwältigenden Mehrheit der Konsumenten legaler und illegaler Drogen in das zweite Lebensjahrzehnt – ein starker Hinweis darauf, dass die Droge nicht von den Umständen losgelöst zu sehen ist, in denen sie konsumiert wird, sondern auch die speziellen Lebensanforderungen abbildet, die an Jugendliche gestellt sind. Im dynamischen Dreieck, das ein Mensch, sein Umfeld und die Eigenheiten der Substanz, die er wählt, bildet, erscheint der Gebrauch von Drogen als eine Form der Lebensbewältigung – eine außerordentlich problematische und im Kern untaugliche, aber immerhin eine Lebensbewältigung, mit der sich Jugendliche persönlich profilieren, von Erwachsenen abgrenzen, Sinnessensationen verschaffen, von schulischen Misserfolgen oder familiären Krisen ablenken möchten, gegen das angepasste Erwachsenenleben protestieren oder sich bei Freunden ins rechte Licht setzen wollen.

Von der Abstinenz bis zur Abhängigkeit reicht die Spanne des Gebrauchs von legalen und illegalen Substanzen. Drogen sind dabei Kräfte in einem prekären Gleichgewicht, das jeder zwischen seiner Person und seiner Umwelt auszubalancieren bemüht ist: sie dienen dem Bestreben, die eigene Lebenssituation zu bewältigen – man nimmt sie, um sich besser, auf jeden Fall aber anders als in der konkreten Situation zu fühlen. Wie anfällig ein Mensch für Beeinträchtigungen seiner Gesundheit ist, richtet sich nach dem Verhältnis von Risiko- und Schutzfaktoren und den sozialen, seelischen und körperlichen Ressourcen, über die er verfügt. Sind es zu wenige, leiden seine Bewältigungskapazitäten – sie reichen nicht aus, mit physiologischen, psychischen und sozialen Anpassungsprozessen zurechtzukommen. Drogen sind dabei weit mehr als ein Instrument, um sich zu beruhigen, zu stabilisieren oder anzuregen, sie verselbständigen sich zu eigenständigen Risikofaktoren für Körper und Seele wie auch für das gesellschaftliche Umfeld. Auch deshalb haben sie für die Gesundheitsbalance des jeweiligen Menschen eine so zwiespältige, fast unberechenbare und schwer vorhersagbare Bedeutung.

Dreh- und Angelpunkt ist ein gutes Selbstwertgefühl: Heranwachsende, denen es psychisch, körperlich und sozial gut geht, sind gegen Drogengefahren besser gewappnet als diejenigen, denen es schlecht geht. Daraus ergibt sich alles weitere: Die Abwesenheit stärkender, schützender Elemente verstärkt den Einfluss riskanter, bedrohlicher Faktoren.

Viele verschiedene Faktoren beeinflussen die Vorhersage eines Drogenmissbrauchs oder einer Abhängigkeit. Das macht die Einschätzung der Gefahr so ungeheuer schwierig. Es gibt kaum klare Kennzeichen, die erlauben, einen riskanten, zur Sucht führenden Gebrauch von Drogen im Vorfeld eindeutig zu erkennen. Umfangreiche Kenntnisse über Ursachen, Risikofaktoren und Verläufe, Grenzen zwischen harmlosem Konsum und gefährlichem Kontrollverlust haben keine eindeutigen Einzelursachen zu Tage gefördert, die mit Sicherheit Sucht zur Folge haben, sondern Wahrscheinlichkeiten erkennen lassen: Zusammenhänge sind zwar erwiesen, doch sie funktionieren nach dem Prinzip „kann, muss aber nicht eintreffen". Das ist für Eltern, die sich Sorgen machen, dass ihr Kind drogenabhängig werden könnte, manchmal schwer zu ertragen. Achselzuckende Resignation in der Art von „man kann ja doch nichts machen" wäre jedoch der falsche Schluss angesichts der verschlungenen Wege, die letztlich immerhin nur den allerkleinsten Teil der Probierer in die selbstzerstörerische Abhängigkeit von einer Substanz führen. In der ganzen Bandbreite des Umgangs mit Drogen sind die Übergänge vom Experimentieren, gelegentlichen Probieren zum gesundheitsgefährdenden Konsumieren, dem Drogenmissbrauch bis hin zu Sucht und Abhängigkeit zwar fließend, aber riskante Einflüsse und Entwicklungen lassen sich durchaus klar erkennen – und damit ist der erste Schritt, der Gefahr entgegenzuwirken, möglich.

Bei den skizzierten Risikofaktoren geht es mehr um eine allgemeine Nähe zum Drogengebrauch als um die Beziehung zu einer einzelnen Substanz. Kein Kind wird zwangsläufig zum Kiffer, weil seine Eltern sich scheiden lassen. Und kein Jugendlicher landet nur deswegen an der Nadel, weil er sich in die heroinabhängige Schwester seines besten Freundes verliebt oder schon mit elf Jahren in eine Clique gerät, in der mit Zigaretten und Bierdosen hantiert wird. Die Dinge liegen komplizierter. Wenn aber ein 12-Jähriger, der die Scheidung seiner Eltern nur schwer verkraftet, als Folge seiner familiären Krise in der Schule einen Misserfolg nach dem anderen einstecken muss, dann mit seiner Mutter oder seinem Vater in ein Wohngebiet zieht, wo viel Bier, dicke Joints und auch gelegentlich ein paar Pillen unter den Gleichaltrigen zum guten Ton gehören, kann es kritisch werden. Die Fähigkeit, belastende Situationen auszuhalten und mit Konflikten umzugehen, ist gefragt: Je nachdem, wie gut diese Fähigkeiten ausgeprägt sind und je nachdem, welche Unterstützung ein Kind dabei erfährt, seine Krisen zu meistern, steigen oder fallen seine Chancen, den Verlockungen des vielfältigen Stoffangebotes zu widerstehen. Um Kinder vor süchtigem Verhalten zu schützen und etwas dafür zu tun, dass sie das Leben ohne Stoff bewältigen, ist es wichtig, die Bereiche im Blick zu behalten, in denen Risiken entstehen können. Man kann sie nicht ausschalten, aber genauer als bisher ermessen: Wahrscheinlichkeiten haben Gewissheiten gegenüber den Vorteil, dass sie sich beeinflussen lassen.

Die entworfenen Risiken beziehen sich auf verschiedene Phasen der Persönlichkeitsentwicklung; man geht davon aus, dass zu unterschiedlichen Entwicklungsphasen von der Kindheit bis zum jungen Erwachsenenalter unterschiedliche Faktoren wirken. In der Kindheit bestimmen die Eltern weitgehend, welche Substanzen ihre Kinder konsumieren. Mit neun, zehn Jahren gewinnen Gleichaltrige an Einfluss.

In der Regel bedeutet ein einmaliges Ausprobieren einer Droge deshalb auch noch keine akute Gefährdung. Erst wenn verschiedene psychosoziale Bedingungen zusammentreffen, kann ein erhöhtes Risiko entstehen. Sucht und Abhängigkeit entwickeln sich innerhalb des vielschichtigen Wechselspiels zwischen Person, Umwelt und Droge. Immer spielen Faktoren aus jedem der drei Bereiche eine Rolle – es ist nie nur der verlockende Stoff, der verführerische Freund oder das große seelische Problem allein, das als Ursache für süchtiges Verhalten verantwortlich ist.

Eine Gefahr mit vielen Gesichtern – die Risikofaktoren

„Meinen Rotwein am Abend lass' ich mir nicht nehmen" –

Verhaltensmodelle

Ziemlich früh im Leben, etwa beginnend mit dem Vorschulalter, werden erste Grundsteine für eine Neigung zu Drogen gelegt. Das geschieht durch das Lernen am Modell: Kinder beobachten ihre soziale Umgebung genau und registrieren sowohl das Verhalten der Menschen um sie herum als auch die Folgen, die daraus erwachsen. Im Rollenspiel ahmen sie diese Verhaltensweisen nach und verinnerlichen das Gespielte zu groben Vorstellungen von gesellschaftlichen Rollen, verschiedenen Situationen, angemessenem Verhalten und zu generellen Einstellungen und Wertsetzungen. Bereits Dreijährige kennen die grundlegenden Normen und Motive, die den Genuss von Alkohol sozial regulieren: Erwachsene trinken, Kinder nicht. Männer trinken mehr als Frauen. Getrunken wird auf einer Party oder abends vor dem Fernseher, aber nicht beim Frühstück.

Beobachten Kinder also ihre Eltern beim Alkoholkonsum, so erlernen sie nicht nur die Art und Weise, wie dies vor sich geht, sondern auch die Beziehung zwischen der Tat und der Wirkung, die darauf folgt: nämlich Fröhlichkeit, erhöhter sozialer Kontakt, Entspannung. Sie lernen auch, was die Anlässe für ein Gläschen in Ehren sind: Erfolg, eine Feierstunde oder aber Probleme und Missstimmung und sie wissen auch längst, dass das Alkoholtrinken ein Privileg der Erwachsenen bedeutet. Besonders problematisch im Hinblick auf spätere Risiken von Missbrauch und Abhängigkeit ist jedoch der Umgang mit Medikamenten in dieser Lebensphase. Erleben die Kinder bereits sehr früh, dass Medikamente nicht nur zur Behandlung von ernsten Krankheiten eingesetzt werden, sondern auch zur Erhöhung der Leistungsfähigkeit und zur Beeinflussung des allgemeinen Befindens, entstehen starke Anreize, es den Großen früher oder später gleichzutun.

„Ist mir doch egal, wovon mir schlecht wird." –

Einstellungen zur Gesundheit

Dank diesem Lernen am Modell, bereichert durch eigene Erfahrungen und erzieherische Vorgaben, entwickeln sich bereits im Kindesalter grundsätzliche Einstellungen zur eigenen Lebensweise und zu moralischen Grundsätzen. Für die Neigung zum Substanzmissbrauch sind die Einstellungen zur eigenen Gesundheit von Bedeutung. Kinder und Jugendliche, die ihre eigene Gesundheit als Wert begreifen, den es zu bewahren gilt, sind weitgehend gegenüber dem Drogenkonsum geschützt. Wenn allerdings mit der Vorstellung von Gesundheit das tägliche Schlucken von Vitamintabletten oder vermeintlich gesundheitsfördernder Mittel gemeint ist, wird eher das Gegenteil der Fall sein. Diese Haltung verbürgt eher ein Risiko für späteren Arzneimittelmissbrauch. Vielmehr ist es eine hohe Wertschätzung gesunder Ernährung, sauberer Luft und körperlicher Bewegung, die diesen Schutzfaktor ausmachen. Das sind oft Kleinigkeiten: Eltern, die darauf bestehen, dass man, egal wie das Wetter ist, einmal am Tag vor die Tür gehen muss oder die einem Ausflug ins Grüne mehr Wert beimessen als dem gemeinsam vor der Glotze verbrachten Nachmittag, Mütter und Väter, die Acht geben auf den Süßigkeitenkonsum ihrer Kinder, die Spielzeug, Geschenke oder Bonbons nicht als Ersatz für die wirkliche Zuwendung einsetzen, können früh schon Weichen stellen. Ein fundiertes Wissen darüber, wie der Körper funktioniert und eine positive, akzeptierende Einstellung zum eigenen Körper ist ein eben-

108

solcher Schutzfaktor. Die Vorhersagekraft der gesundheits-
bezogenen Einstellungen bei der Prognose des Drogenmissbrauchs in späteren Lebensjahren ist jedoch heute auch umstritten. Möglicherweise spielen sie im komplexen Gefüge
von Risiko- und Schutzfaktoren verglichen mit anderen
Elementen eine kleinere Rolle.

„Man kann ja eh nichts machen." –

Kontrollüberzeugungen

Das Gegensatzpaar „Abhängigkeit" und „Selbständigkeit" deutet es schon an: Die Wahrnehmung von Kontrolle
über die Vorgänge im eigenen Leben ist ein besonders
wichtiger Faktor bei der Vorhersage von Drogenmissbrauch und Abhängigkeit. Eine Reihe theoretischer For-
schungsansätze versucht dieses Phänomen berechenbarer
zu machen, um eine Messgröße zu erhalten, die sich für die
Prognose von Sucht und Abhängigkeit nutzen lässt. Der
Kern dieser Forschungsergebnisse könnte etwa so lauten:
Je stärker der Einzelne davon überzeugt ist, dass er über
momentane und künftige Ereignisse selbst bestimmen
kann, sich dies als eigene Fähigkeit zuschreibt und die soziale und dingliche Umwelt als Verhältnisse begreift, die er
beeinflussen und mitgestalten kann, umso geringer ist die
Wahrscheinlichkeit, dass dieser Mensch sich vom Gebrauch von Substanzen abhängig macht. Auch in der Um-
kehrung des Satzes liegt Vorhersagekraft: Je stärker ein
Mensch sich als eingeschränkt wahrnimmt, sich als „Opfer der Umstände" begreift und dadurch wenig Sinnhaftig-
keit der eigenen Existenz erfährt, umso stärker ist die Ten-
denz zum Rückzug nach innen und zum Ausleben
selbstkontrollierter Risiken, wie sie etwa mit dem exzessi-
ven Substanzgebrauch verbunden sind. Wo dieses Bündel
selbstbewusster Kontrollüberzeugungen fehlt, häufen sich
psychiatrische Krankheitsbilder, verbunden mit Angst,

Depressivität, Selbstentfremdung und Kontrollverlust, Zwangsvorstellungen und Selbstmordtendenzen. Kontrollüberzeugungen entstehen aus verallgemeinerten Erfahrungen in der Auseinandersetzung mit der Umwelt.

„Ich brauch' den Kick." –

Persönlichkeitsfaktoren

Neben der bereits genannten Kontrollüberzeugung werden in der Forschung eine Reihe anderer Persönlichkeitsmerkmale angeführt, die ebenfalls die Wahrscheinlichkeit des Drogenmissbrauchs erhöhen können. Dies ist vor allem das Merkmal „sensation-seeking", die unbändige Lust, spektakuläre Erfahrungen zu machen, die zu besonders risikobereitem Verhalten führt, das besonders heranwachsende Jungen an den Tag legen. Übrigens manchmal noch lange über die Pubertät hinaus: Die Häufung tragischer Unfälle im Kennedy-Clan liegt nach Ansicht des israelischen Genetikers Richard Ebstein, der 1996 ein Gen namens Dopamin D-4 entdeckte, in den Erbinformationen. Träger dieses Gens zeichne eine besondere Neugier und ein Hang zum Risiko aus, meint Ebstein. Die Kennedys hätten diese besondere genetische Veranlagung, die sie zu impulsiven und riskanten Taten dränge.

Der Einfluss von Persönlichkeitsfaktoren auf das Auftreten von Drogenabhängigkeit ist jedoch entweder schwach, umstritten oder methodisch schwierig zu handhaben. Deshalb soll diese Fährte hier nicht weiterverfolgt werden.

In der Pubertät schlagen jedoch so viele Heranwachsende über die Stränge und verletzen die gesellschaftlichen Spielregeln, dass für diese Lebensphase der Begriff „Flegeljahre" geprägt wurde. Auch ohne „Kennedy-Gen" bringen Halbstarke ihre Erzeuger systematisch auf die Palme: mal launisch, mal aufsässig, dann mimosenhaft empfindlich und wieder aggressiv – nach den biologischen Erkenntnissen der Hirnforschung handelt es sich bei den Eskapaden dieses Lebensalters um einen biologischen Sachverhalt, der auf eine konstruktionsbedingte Unreife des heranwachsenden Denkorgans zurückzuführen ist. Schuleschwänzen, Fahren ohne Führerschein und schlechte Manieren, aber auch Drogenexperimente und andere Schläge über die Stränge führen Entwicklungspsychologen bislang auf Hormonwallungen, Abgrenzungsversuche gegenüber Erwachsenen oder die Suche nach der eigenen Identität zurück. Doch die aktuellen Forschungsergebnisse der Neurobiologen bringen diese Gewissheiten ins Wanken: Bis ins frühe Erwachsenenalter setzen sich die Wachstumsprozesse im Gehirn fort; manche Nervenbahnen, die für die Kontrolle von Impulsivität und Emotionen verantwortlich sind, erhalten erst dann ihre isolierende Umhüllung. Das wichtigste Steuerungszentrum, der präfrontale Kortex, arbeitet in der Pubertät noch unvollkommen. Man vermutet, dass dieses Kontrollzentrum die Schaltzentrale für alle komplexen geistigen Operationen darstellt: Es behält den Blick für vorher und nachher, kann aufwühlende Triebe dämpfen und unwiderstehliche Impulse bändigen. Erst im Alter von neun Jahren ereignet sich hier ein zweiter Wachstumsschub, bei dem Unmengen von neuen Nervenverbindungen geknüpft werden; erst in den folgenden Jahren werden die fehlerhaften und überflüssigen Verschaltungen zurechtgeschnitten. Dazu kommt, dass Heranwachsende aus unerklärlichen Gründen ein übersteigertes Bedürfnis nach Nervenkitzel und Abwechslung haben, das sich unter Gleichgesinnten im Nu potenziert – hier beflügelt ein soziales Element, die Gruppendynamik, den ohnehin beim Einzelnen schon stark ausgeprägten Hang zu Eskapaden: jugendlicher Leichtsinn ereignet sich vorzugsweise im Plural. Ungewöhnliche Erfahrungen, besonders solche, die einen Hauch von Gefahr bergen, regen offenbar besonders

stark das Belohnungssystem des heranwachsenden Gehirns an. Diese Neu-Gier hilft auch zu verstehen, warum
antisoziale Verhaltensweisen wie Ladendiebstahl oder Zer-
störungswut während der Pubertät so dramatisch zunehmen. Die überwältigende Mehrheit aller Gesetzesübertre-
tungen und anderer krummen Touren wird nach der
Statistik von Halbstarken im Alter zwischen 12 und
16 Jahren begangen – genau in den Jahren, in denen auch
die allermeisten Menschen beginnen, mit Drogen zu experimentieren. Zuletzt die gute Nachricht: Es geht vorbei.
Fast zwei Drittel aller (männlichen) Heranwachsenden
schlagen in der Pubertät über die Stränge, aber schon nach
wenigen Jahren legt sich dieser jugendliche Leichtsinn, die
Aufsässigkeit schwindet und sie passen sich den gesellschaftlichen Gepflogenheiten an. Etwa fünf Prozent ver-
harrt jedoch weit über die Pubertät hinaus auf der schiefen
Bahn. Dabei handelt es sich fast immer um Jugendliche, die
schon als Kinder ungewöhnlich aggressiv waren und unter
Aufmerksamkeitsstörungen litten. Während der Pubertät
nehmen diese schwarzen Schafe für eine Weile bei ihren
erfahrungshungrigen Altersgenossen eine Vorbildrolle ein.
Sie machen vor, wie man sich durch tollkühnes und un-
konventionelles Verhalten holen kann, was man braucht –
etwa Geld oder Ansehen. Dafür werden sie von Gleichaltrigen bewundert und nachgeahmt, jedenfalls eine Zeit
lang.

„Meine Eltern kannste vergessen" –

Das Familienklima

Stärkste Vorhersagekraft für jugendlichen Drogengebrauch hat das Klima in der Familie. Verschiedene Studien
haben diesen Umstand in unterschiedlicher Weise er-
forscht. So verhindert ein kontrollierender und restriktiver
Erziehungsstil die Entwicklung von Kontrollüberzeugun-

112

gen, die vor Drogenmissbrauch schützen und führt zum Gefühl, nicht akzeptiert zu werden. Zudem treibt ein konfliktgeladenes Familienklima, in dem die Schwierigkeiten nicht verarbeitet, sondern entweder verdrängt oder autoritär gedeckelt werden, die Jugendlichen förmlich in jugendliche Cliquen, in denen Drogenkonsum zu Symbolen des Zusammengehörigkeitsgefühls gehört. Genauso schädlich wirkt sich ein allzu lässiges, im Grunde gleichgültiges Erziehungsklima aus: Kinder brauchen Sicherheit und finden sie nur, wenn sie Grenzen erfahren, an denen sie sich erproben können und die sie auch in Frage stellen können. Ein schrankenloses Gewährenlassen entbehrt wichtiger Impulse zur Orientierung – wo klare Grenzen fehlen, lernen Kinder nicht, Hindernisse zu überwinden, aber auch die Grenzen anderer zu akzeptieren, geschweige denn, seine eigenen Grenzen zu erleben. Ähnlich fatal erweist sich der überbehütende Erziehungsstil. Wenn Eltern ihren Kindern alle Schwierigkeiten aus dem Weg räumen, können sie Verhaltensweisen nicht üben, mit denen sie später schwierige Situationen meistern könnten. Stattdessen gewöhnen sie sich an, Konflikten schon deshalb aus dem Weg zu gehen, weil sie Interessensgegensätze als Bedrohung wahrnehmen – und ihnen irgendwann vielleicht nur noch mit Suchtmitteln begegnen können.

Durch die Art der Auseinandersetzung in der Familie werden grundlegende Kommunikationskompetenzen erworben, die später der Selbstbehauptung in der Schule wie auch in der Gleichaltrigengruppe nutzen können, weil sie soziale Zwänge und Gruppendruck zum Drogenkonsum verhindern helfen. Über die Qualität ihrer Erziehungsbeziehungen bestimmen Eltern hier weitgehend mit, wie groß das Einfallstor für das, was die anderen sagen, später sein wird.

"Saufen und Rauchen wie'n Alter" –

Die Sozialisation zum Erwachsenen

Mit der Wahrnehmung körperlicher Veränderungen begibt sich das Kind auf die Suche nach einer neuen Identität
als Erwachsener. Sie sind zwischen elf und achtzehn Jahre
jung und machen gerade durch, was die Älteren alle irgendwie überstanden haben: die Pubertät, nach den latei-
nischen Wörtern „pubes" für Schamhaar und „pubertas"
für Geschlechtsreife. Die Selbstbeschreibung als „Jugendlicher" kommt in dieser Altersstufe gewöhnlich nicht vor.
Die Suche nach der neuen Rolle vollzieht sich durch die
Aneignung von Symbolen des Erwachsenseins. Rauchen,
Alkoholtrinken und alle anderen Verhaltensweisen, die Eltern und junge Erwachsene in ihrer Umgebung und in den
Medien präsentieren, werden ausprobiert. In diesem Sinne
ist das Experimentieren mit verschiedenen Substanzen
durchaus als eine Entwicklungsaufgabe anzusehen. In wie-
weit dieses Experimentieren zu Gewohnheit und Missbrauch führt, ist – neben den bereits genannten Risikofaktoren – bestimmt durch das Feedback, das die Jugendlichen
von Erwachsenen oder auch anderen subkulturellen Gruppen erhalten, denen sie sich im Zuge der Entwicklung
anschließen und wird geleitet von Bedürfnissen, die sich
aus der Kompensation von persönlichen Problemen ergeben.

„Kiffen ist cool" –

Jugendliche Subkulturen

Drogenkonsum jeglicher Art beginnt zunächst fast ausschließlich in der Gruppe. Im Zuge des Heranwachsens
und angesichts der kaum ausbleibenden negativen Rück-
meldungen auf die Veränderungen im Verhalten des Jugendlichen zieht es die jungen Menschen in eine Gruppe

von Gleichaltrigen mit ähnlichen Problemen und ähnlichen Vorstellungen von der eigenen Identität. Diese Cliquen gelten besonders in der Drogenprävention häufig einseitig als Risikofaktoren – als Verführer und Vermittler sozialen Drucks in Richtung Drogenkonsum. Doch sie sind mehr: In der Gruppe tun Jugendliche, was sie allein nicht tun würden. Das gilt für den Substanzkonsum, aber auch für andere Dinge, für die sie „Mut" brauchen. In ihren Cliquen finden Jugendliche für sich einen annehmbaren Ort im Geschlechterverhältnis, sie sind gleichermaßen Orte der Begegnungen mit dem anderen Geschlecht wie auch Orte der ersten (und weiteren) Erfahrungen mit Rauschmitteln. Damit bieten die Gruppen auch ein Forum kollektiver Bewältigung der Aufgaben des Erwachsenwerdens, die mehr ist als die soziale Unterstützung durch Einzelne und viel mehr als die Summe aller Bewältigungsanstrengungen der Einzelnen. Eingebettet in die Clique finden häufig die ersten Annäherungen, Freundschaften, Austausch über sexuelle Kenntnisse und sexuelle Erfahrungen statt. Hier machen beide Geschlechter unter- und miteinander Erfahrungen, handeln Ansprüche aus und legen fest, was erlaubt und was verpönt ist. Sie bilden Stile heraus, die ihnen helfen, Erfahrungen in Einklang zu bringen – den roten Faden in den Ereignissen zu entdecken. Mit Stil und Selbstinszenierung basteln Jugendliche sich Ausdrucksformen für das, was sie beschäftigt – zweifellos ist das ein kreativer Prozess.

Cliquen machen sich nicht zwangsläufig durch besondere äußere Merkmal kenntlich, sie bilden jedoch besondere Verhaltensregeln aus. Zu diesen Verhaltensnormen gehört in der Regel zumindest der Alkoholkonsum oder aber die Einnahme anderer Drogen. Das können zunächst nur Mutproben sein, doch verfestigt sich dieses Verhalten später zu Symbolen der Zugehörigkeit und zu Mitteln der Kommunikation in der Gruppe. Der gemeinsame Ge-

brauch verschiedener Substanzen stiftet Zusammenge-
hörigkeitsgefühle. Außenseiter oder stark verunsicherte
Cliquenmitglieder neigen dazu, dieses Verhalten besonders
krass an den Tag zu legen.

„Ich sauf' euch doch alle noch unter'n Tisch." –

Kompensationsbedürfnisse

Wer sich als besonders unzureichend im Hinblick auf
ein angestrebtes Identitätsziel wahrnimmt oder von Misserfolgen frustriert ist, neigt dazu, dieses Defizit mit sym-
bolischem Verhalten auszugleichen. Der Schüchterne unter lauter Draufgängern teilt leicht dasselbe Schicksal in
der Clique wie die Dickste in der Mädchenrunde; das gilt
besonders für heranwachsende Kinder, die in der wildesten
Zeit ihres Lebens angekommen sind, die selbst unter güns-
tigsten Umständen beträchtliche Erschütterungen des
Selbstbildes bereithält. Den eigenen sozialen Status als einen geringen, mangelhaften wahrzunehmen, löst unweigerlich das Bedürfnis nach Ausgleich aus. Die verschiedenen Substanzen haben dabei unterschiedlichen Wert für
das Bild, das man abgeben möchte. Rauchen beispielsweise
dient häufig zur Statuskompensation, während Alkohol
zur Problemkompensation verhilft. Ist eine Person an den
Gebrauch einer psychotropen Substanz gewöhnt, wird sie
versuchen, Missbehagen immer häufiger durch die Ver-
wendung der Droge auszugleichen. Dies führt in der Regel
zu häufigem Missbrauch und zur Generalisierung dieses
Verhaltens – zwanghafter Gebrauch und damit Kontrollverlust und psychische Abhängigkeit können daraus erwachsen. Dieser Prozess beginnt häufig in Lebenskrisen,
und die sind zwischen elf und achtzehn alles andere als selten: Misserfolge in der Schule, verbunden mit erhöhtem
Druck von Seiten der Eltern, ewiger Streit zu Hause, Liebeskummer und was sonst noch so alles vorkommt.

„Ich hab' sowieso keine Chance" –

Soziale Lage und Milieu

Der Blick auf das Milieu, in dem Drogen konsumiert werden, verbindet Erkenntnisse der Lerntheorie mit Aspekten des Kompensationsstrebens. Allgemein gesprochen verknüpfen sich mit der sozialen Lage bestimmte Wahrnehmungen von Zukunftschancen, sozialer Identität und subkulturellen Einstellungen, die dem Gebrauch und dem Missbrauch von Alkohol und anderen Substanzen zu einem besonderen Stellenwert im Alltag verhelfen. Zudem sind Schutzfaktoren wie etwa soziale Kompetenz, Wissen über die Wirkung von Drogen auf den Körper und günstiges Familienklima in benachteiligten sozialen Lagen seltener anzutreffen. Ein weiterer wirkungsvoller Aspekt, der sich aus der Wohngegend und dem Milieu ergibt, ist die Gelegenheit zum Drogenkonsum, denn hier sind die Substanzen meist leichter erhältlich – bestimmte Wohngegenden bieten „kontrollfreie Räume", die von vielen Menschen gemieden werden, da sie eine besondere Gefahr ausstrahlen. Sie offerieren Jugendlichen eine besonders hohe Dichte an Modellen – meist junge Erwachsene, die durch abweichendes Verhalten eine hohe Attraktivität ausstrahlen.

„Jetzt stell' dich nicht so an und rauch' eine mit" –

Einstiegsdrogen

Die Neigung, zu verschiedenen Drogen zu greifen, wird im Vorfeld durch Erfahrungen mit der Anwendung und der Wirkung anderer harmloserer Substanzen vorbereitet. So ist es eher unwahrscheinlich, dass jemand regelmäßig Haschisch raucht, wenn er vorher nicht an Zigaretten gewöhnt ist. Der Einstiegscharakter so genannter weicher illegaler Drogen für die harten Stoffe wie etwa Heroin und

Kokain ergibt sich dagegen vorwiegend aus der Illegalität. Diese führt zu einem Einstieg in das illegale Milieu, in dem diese Stoffe angeboten werden. Auch der Effekt des „Labeling", des Annehmens einer Etikettierung durch den Aufenthalt in diesen illegalen Kreisen, spielt als Motiv eine Rolle: Die Attitüde des Haschrebellen oder des echt harten Machos, der sich von der Staatsmacht schon mal gar nicht einschüchtern lässt, sagt den Gleichaltrigen unmissverständlich: „Der traut sich alles, ein echt harter Junge." Viel bedeutsamer als dieser lange diskutierte Effekt erscheint jedoch nach heutigem Stand der Gebrauch von Medikamenten zu sein. Bereits im Kindesalter werden unter ungünstigen Umständen dem Medikamentengebrauch bereits bestimmte Wirkungserwartungen zugesprochen, die über die rein medizinische Indikation weit hinausgehen. Die These provoziert, auch weil sie uns nicht mehr gestattet, nur über die Drogen der anderen zu reden: Der rasche Griff zur Kopfschmerztablette kann, wenn er zur Routine wird, auch das spätere Einwerfen von Ecstasy nahe liegend erscheinen lassen. Dem Missbrauch besonders von synthetischen Modedrogen geht häufig die Einnahme von Medikamenten als Einstiegsdrogen voraus.

Und welches Risiko hat mein Kind?

Die Gefahr früh genug zu erkennen, aber auch nicht vor der Zeit den Teufel an die Wand zu malen, ist äußerst schwierig. Der klare Blick auf das Kind und seine Lebensumstände ist gefragt. Es hat wenig Sinn, 10-Jährige über die Gefahren der Heroinsucht aufzuklären und sie damit womöglich erst recht neugierig zu machen, wahrscheinlich aber eher zu langweilen. Drogengefahren frühzeitig vorzubeugen heißt eher, an der konkreten Lebenslage der

118

Kinder anzusetzen – an ihrem Befinden – und ihnen bei der Gestaltung und damit Bewältigung ihres jeweiligen Lebensabschnittes beizustehen. In den Fragen der Kinder können Eltern gut erkennen, was sie gerade beschäftigt und sich davon leiten lassen – schon lange bevor Drogen zum Thema in der Familie geworden sind, gibt es viele Gelegenheiten dazu: Den Betrunkenen an der Ecke bedenken schon kleine Kinder mit großem Erstaunen. Das kann man aufgreifen und beiläufig Informationen darüber einflechten, was passieren kann, wenn man zu viel Alkohol trinkt, und damit vor allem aber signalisieren, dass so etwas vorkommt und man darüber genauso sprechen kann wie über alles andere.

Es zahlt sich immer aus, sein Kind zu kennen – und jenseits des elften, zwölften Geburtstag wird das immer schwieriger. „Früher konnte ich in ihm lesen wie in einem offenen Buch", klagt eine Mutter unter vielen, „heute komme ich nicht mehr an ihn heran." Je inniger das Verhältnis früher war, umso fassungsloser sind Eltern, wenn ihre Kinder sich abwenden. Sie wissen zwar, dass Spannungen und Konflikte, Kräche und Funkstille die Entwicklung zur Unabhängigkeit begleiten, aber in der plötzlich empfundenen Distanz wächst auch die Beunruhigung über manche Verhaltensweisen der Kinder.

Es gibt auch kaum klare Kennzeichen, die eindeutig verraten, wodurch riskanter Substanzgebrauch von harmlosem Probieren zu unterscheiden ist. Hinzu kommt, dass augenscheinlich süchtige Erwachsene leichter zu erkennen als jugendliche Drogengefährdete zuverlässig einzuschätzen sind. Erwachsene haben eine langjährige Konsumgeschichte, Jugendliche haben eine Vorgeschichte, in der sie Impulse aus Familie, Persönlichkeit, Umfeld auf höchst eigene Weise verarbeitet haben. Die Anwesenheit einzelner Risikofaktoren erhöht im Zusammenspiel mit anderen die Wahrscheinlichkeit eines problematischen

Umgangs mit legalen und illegalen Drogen – mehr kann man dazu nicht sagen.

Es gibt nie nur eine Ursache allein, der Spielraum ist groß. Jedoch gibt es eine Reihe von Aspekten, die sich in der Persönlichkeit, der Familie, der Schule, dem Milieu, der Clique und der Erreichbarkeit von Substanzen ablesen lassen, die besorgten Eltern Aufschluss über das Ausmaß der Gefährdung geben können. Von einem erhöhten Risiko für Drogenmissbrauch und Sucht können Mütter und Väter ausgehen, wenn sie mehrere der folgenden Faktoren erkennen:

Die Persönlichkeit Ihres Kindes:
- psychische Auffälligkeit: unsoziales Verhalten, emotionale Störungen
- nach außen verlagerte Kontrollüberzeugungen wie Ängste, Zwänge, Depressivität
- mangelnde kommunikative Fähigkeiten: Wortschatz, Selbstbewusstsein, gefühlsmäßige Ansprechbarkeit
- negative Einstellung zum eigenen Körper

Familie:
- Eltern oder nahe Verwandte mit Alkohol- oder Drogenproblemen
- Familienprobleme: Trennung und Scheidung, häufiger Streit, Gewalt, sexueller Missbrauch, Alleinerziehende
- restriktiver, kontrollierender oder überbehütender Erziehungsstil der Eltern
- Familie in sozial benachteiligter Lage

Schule:
- Leistungsprobleme: Schulversagen, Sitzenbleiben, Über- oder Unterforderung
- disziplinarische Probleme: häufiges Schuleschwänzen, Schulverweis, häufiges Fehlen

- Schultyp: je niedriger das Bildungsniveau, umso höher das Risiko
- ungünstiges Schulklima: Schule mit schlechtem Ruf, Lehrermangel, häufiger Unterrichtsausfall

Milieu/ Subkultur:
- lokale Drogenszene: Drogenmarkt
- Wohngegend mit hohem Anteil an Alkoholkranken oder Drogenabhängigen
- starke Identifikation mit einer jugendlichen Subkultur
- besonders häufiges Zusammensein mit subkultureller Gleichaltrigengruppe
- häufiger Aufenthalt in „kontrollfreien" Räumen: Straße, Bahnhöfe, Parks, Wohnungen

Einstiegsdrogen:
- häufige und regelmäßige Einnahme nicht verordneter Medikamente: Doping in Eigenregie
- tägliches oder mehrfach wöchentliches Rauchen
- häufiger und regelmäßiger Alkoholkonsum mit der Absicht, sich zuzudröhnen.
- experimenteller Konsum mit illegalen Substanzen.

8. Kapitel:
Welche Rolle die Familie spielt

In jeder Familie werden Weichen gestellt, die eine spätere Entwicklung in die eine Richtung erleichtern und in die andere erschweren: Spannungen und ungelöste Konflikte mit den Eltern gehören dabei zu den stärksten Einzelursachen, die beispielsweise für späteren Drogenmissbrauch verantwortlich gemacht werden. Wohl kaum eine andere Vorstellung beunruhigt Eltern so stark wie der Gedanke, ihr Kind könnte in die Fänge einer Drogenabhängigkeit geraten. „Wie kann ich mein Kind vor dem Abrutschen in eine Sucht bewahren?" – „Wird er mir überhaupt erzählen, wenn in seiner Clique gekifft wird?" – „Wird sie stark genug sein, abzulehnen, wenn ihr harte Drogen angeboten werden?" Eltern sind besorgt: Sie wollen ihre Kinder beschützen, wünschen sich, dass sie stark und selbstbewusst werden und hoffen insgeheim, dass sie den emotionalen Zugang im Gespräch mit ihren Kindern nicht verlieren, wenn die Stürme der Pubertät am Horizont aufziehen. Schon in ihren ganz frühen Befürchtungen klingt an, was einen wesentlichen Aspekt von Abhängigkeit ausmacht: in ihr offenbart sich eine tief greifende Störung der Beziehungen eines Menschen.

Viel, wenn auch längst nicht alles hängt von den Beziehungen zwischen Eltern und Kindern in ihren gemeinsamen Jahren ab: eine intakte Familie ist eine gute Voraussetzung, eine gestörte Familie ist eine schlechte. Das System von Mutter, Vater und zwei Kindern, das in süßlichen Fernsehserien und Zeitungsartikeln immer noch verherrlicht wird, ist alles andere als eine Garantie fürs Glück. Die Dinge liegen ein bisschen komplizierter. Wer nur den Jammer über den Zusammenbruch der Kernfamilie zur Schau trägt, ignoriert die Tatsache, dass sich traditionelle Familien gemein verhalten, ihre Kinder einengen, unterdrücken und misshandeln, auf kriminelle Abwege und in Drogenprobleme treiben können, während in liebevollen Wohngemeinschaften allein erziehender Mütter fröhliche, starke, unternehmenslustige Kinder heranwachsen können. Die Wahrheit liegt irgendwo dazwischen. Natürlich stimmt es, dass man kein Erzieherdiplom braucht, um Kinder großzuziehen, aber es ist genauso deutlich, dass ein ständiges Wechselbad zwischen Zorn und Nachgeben, ein bloßes Gewährenlassen oder autoritäres Bestehen auf Gehorsam mehr Schaden als Nutzen bringen.

Die Risiken für eine spätere Sucht entwickeln sich häufig schon in den frühen Kinderjahren. Lange bevor Jugendliche mit 16 oder 17 Jahren abhängig von Suchtstoffen werden, zeigen sie in der Regel Warnsignale. Gestörte Beziehungen, Enttäuschen und Versäumnisse gehen zwar jeder Sucht voraus, kommen aber auch in un-abhängigen Lebensverläufen vor. Nicht alle Verhältnisse, die krank machen können, führen unweigerlich in die Katastrophe der Abhängigkeit. Ein Erleben der Welt mit allen Sinnen, die Erfahrung der eigenen Fähigkeiten kann im Kern gegen Suchtgefahren wappnen – und kann fehlende Geborgenheit zum Teil ersetzen. Nicht vollständig, aber Zutrauen in die Welt können Kinder auf vielerlei Weise erwerben.

Die Gewichtung entscheidet: Erst wenn Risiken überhand nehmen und schützende Kräfte übersteigen, kann es heikel werden. In den Lebensläufen von Suchtkranken offenbaren sich Gemeinsamkeiten, die schon Eltern noch kleiner Kinder aufhorchen lassen könnten: Man findet überstarke Anspannungen und ungelöste Konflikte in der Familie, in der Schule und Freizeit, Essstörungen und die

Gier nach Süßigkeiten. Drogenabhängige haben oft schon im Grundschulalter nur schwer Freunde gefunden und kaum Freundschaften gepflegt. Sie fühlten sich oft wertlos und abgelehnt, waren andererseits unzuverlässig oder gewöhnten sich schon früh an, Absprachen und Terminen auszuweichen. Kooperations- und Konzentrationsprobleme sowie die Fähigkeit, abgestuft auf verschiedene Situationen zu reagieren, bereiteten ihnen schon im Kindesalter viel Mühe. Wenn eine Suchtkarriere sich – rückblickend – schon vor dem zehnten Geburtstag abzuzeichnen beginnt, wie eine Langzeitstudie des Mannheimer Zentralinstitutes für Seelische Gesundheit belegt, kann der Einfluss der Familie gar nicht zu hoch eingeschätzt werden: ob Alkohol oder Nikotin, Medizin oder Heroin – für deutlich über die Hälfte der 18-Jährigen, die übermäßig Suchtmittel konsumieren, lässt sich die Abhängigkeit bereits im Alter von acht Jahren vorhersagen. Zu diesem Ergebnis kommen die Wissenschaftler, die über einen Zeitraum von zehn Jahren die Lebensumstände von 399 Jungen und Mädchen untersucht haben. Jugendliche, die mit 18 Jahren Substanzen missbrauchen, zeigten bereits als Kinder extreme motorische Unruhe, exzessives Lügen, Aufmerksamkeits- und Kontaktstörungen und fielen in der Schule durch Disziplinprobleme und Schwänzen auf.

Andererseits tun sie das alle gelegentlich: Toben, Zappeln, Lügen, Stehlen, Weghören, ängstliche oder aggressive Schüchternheit, aufsässiges Verhalten und Schuleschwänzen – wenn Kinder zu Hause Schwierigkeiten machen, bei ihren Freunden anecken, in der Schule versagen und irgendwann auf die schiefe Bahn geraten, sind die Schuldigen schnell gefunden. Je nach Weltanschauung, Denkvermögen und Lebenserfahrung macht man die doppelt berufstätigen Eltern, die allein erziehenden Mütter und ihr Pendant, die abwesenden Väter, das allgegenwärtige Fernsehen oder den allgemeinen Werteverfall in der Gesellschaft ver-

124

antwortlich: eine Garantie für ein hochwertiges Endprodukt gibt es eben in der Erziehung nicht. Und wer meint, alles richtig gemacht zu haben, hat wahrscheinlich genau das falsch gemacht. Aber die Chance des Gelingens lässt sich durchaus steigern – auf der Basis einer guten, wandlungsfähigen Beziehung zwischen heranwachsenden Kindern und Eltern, die selbstbewusst genug sind, um aufrichtig und besonnen zu reagieren.

Eltern können die emotionalen Abwehrkräfte ihrer Kinder beträchtlich steigern und ihre seelische Entwicklung so fördern, dass sie für die Verlockungen von Drogen weniger anfällig werden. Eltern können Kinder von klein auf zu selbständigem und verantwortlichem Handeln ermuntern. Sie können helfen, Konflikte selbständig auszutragen, Selbstvertrauen zu wecken und Selbstbewusstsein auch in schwierigen Situationen zu bewahren. Ein starkes Ich und die innere Unabhängigkeit entstehen aus dem Gefühl, ohne Vorbedingungen geliebt zu werden. Am besten sind solche Kinder vor Sucht geschützt, die seelisch gesund, selbstbewusst und ich-stark sind. Aggressives Verhalten gegen sich und andere, Depressionen und Sucht haben im Ursprung einen gemeinsamen Mangel: Wo Selbstbewusstsein und Konfliktfähigkeit fehlen, breiten sich Störungen ungebremst aus. Kindern, die in Schieflage geraten, fehlt häufig die Erfahrung, in der ganzen Palette ihrer Gefühle angenommen zu werden, sich als Verursacher zu erleben, Vertrauen in die eigene Belastbarkeit zu entwickeln, Folgen einer Handlung einschätzen zu lernen, Verantwortung für sich und andere zu tragen, für andere wichtig zu sein, Grenzen zu erfahren und Niederlagen durchstehen zu lernen – mit Unterstützung ihrer Eltern.

Zwei Säulen der Sucht

Die Familie hat zweierlei Einfluss auf die Entwicklung von Sucht. Mutter und Vater vermitteln als erste die Werte und Normen, die den Konsum von Dingen und Substanzen regeln. Eltern definieren früh, häufig unbewusst und meist ungewollt, welche Formen des Drogenkonsums als normal und welche als abweichend gelten – indem sie es vorleben. Damit beeinflussen sie ganz entscheidend, wie sich später spezifische Gebrauchsgewohnheiten herausbilden. Kinder kennen schon früh gängige Umgangsformen bezüglich des Alkohols. Sie wissen, dass Wein zum Essen gebilligt wird, nicht aber zum Frühstück. Sie registrieren ganz genau, in welchen Situationen die Erwachsenen zur Zigarette greifen. Empirische Studien haben längst belegt: Kinder aus Familien, in denen Drogen konsumiert werden oder positive Einstellungen über Drogen bestehen, konsumieren später mehr als Kinder aus abstinenten Familien.

Der andere große Strang, in dem sich der Einfluss der Familie Bahn bricht, entsteht aus vielen kleineren Fäden, die sich zum Ganzen verweben: Der familienbedingte Stress steht als zweiter Aspekt mit erheblicher Vorhersagekraft für einen späteren Drogenkonsum, der nicht der Lust, sondern dem Frust am Leben entspringt. Das Familienklima, der Erziehungsstil der Eltern und die ökonomischen Umstände, in denen die Familie lebt, schaffen ganz unterschiedliche Voraussetzungen für jedes einzelne Kind, die Herausforderungen des Heranwachsens zu meistern. Das Vertrauen in die eigene Belastbarkeit, die Fähigkeit, Probleme anzugehen, ein stabiles Selbstwertgefühl sind gute Kraftquellen für eine erfolgreiche Auseinandersetzung mit Belastungen, die in einem offenen zugewandten Familienklima gut gedeihen können. Ihre Grenze finden sie dort, wo aus sozialen und wirtschaftlichen Vorgaben Belastungen erwachsen, die eine Familie allein kaum beeinflussen kann. Ein guter Bewältigungsstil allein schützt eben nicht vor den krankmachenden Folgen von Armut, Arbeitslosigkeit, schlechten Wohnbedingungen und Umweltverschmutzung. Bei dem, was sie tut, ist die Familie nicht allein. Der gesellschaftliche Wandel, wirtschaftliche Rahmenbedingungen, der schnelle Wandel der Familie durch die neue Vielfalt der Lebensformen – all diese Einflüsse wirken sich auf die Beziehungen zwischen Erwachsenen und Kindern aus und können Familien stark belasten.

Veränderte Rahmenbedingungen für Familien

In allen westlichen Industriegesellschaften verändert sich seit etwa 20 Jahren die Familienstruktur. Schon 40 Prozent der Ehen werden wieder getrennt, viele Paare schieben eine Heirat weit hinaus oder verzichten ganz auf sie. Immer mehr verzichten auch auf eigenen Kinder. Die Kernfamilie, die noch zu Mitte der 60er Jahre der vorherrschende Typ von Familie war, ist heute längst nur noch eine Form unter vielen anderen. Mehr als drei Kinder wachsen heute nur noch selten zusammen auf, demgegenüber breiten sich Familien mit nur einem Elternteil aus. Diese Umstände machen, zusammen genommen mit der strukturellen Familienunfreundlichkeit von Arbeits- und Wohnbedingungen, Freizeit- und Verkehrsmöglichkeiten, die Aufgabe zu einem schwierigen Unternehmen: Kindererziehung ist heute gewissermaßen gegen eine nicht wohlgesonnene Umwelt zu verteidigen und von schädlichen Einflüssen abzuschirmen.

Die Auflösung der Familie, gestörte Familienbeziehungen, familiäre Erziehungsstile, Familientraumata und gesellschaftliche Strukturzwänge, die auf die Familie einwirken, sind Chiffren für mehr oder weniger gut belegte Hypothesen, die als familiäre Risikofaktoren für eine spätere Suchtentwicklung genannt werden. Die Bedürfnisse von Kindern bleiben immer dieselben, während die Welt, in der sie aufwachsen, sich rasant verändert. Vermehrte Berufstätigkeit der Mütter und gleich bleibende Familienflucht der Väter in den Beruf, wachsende Scheidungsraten und immer mehr Alleinerziehende, beängstigend gestiegener Fernsehkonsum und immer mehr Einzelkinder – aber keiner dieser Faktoren für sich genommen wäre schon ein Problem, sondern die Belastung, die daraus erwächst. So ist zum Beispiel die Einelternfamilie eine Haushaltsform, die schwierig zu bewerkstelligen ist. Die Probleme erzeugen seelische Belastungen, und das schlägt sich auf die Qualität der zwischenmenschlichen Beziehungen nieder. Familien, die von der traditionellen Form abweichen, geht es schlechter als denen, die der Konvention entsprechen. So müssen zum Beispiel rund ein Drittel der Einelternfamilien von der Sozialhilfe leben. Das Gleiche gilt für besonders große Familien.

Die Bedeutung der veränderten Bedingungen für die innere Familiendynamik ist groß: Es ist heute objektiv schwieriger, die Elternrolle kompetent auszufüllen. Die Erwartungen an Eltern sind hoch: Eigenleistung, Koordination von eigenen Gefühlen und Bedürfnissen, zeitliche und soziale Managementkompetenz, hohe Flexibilität zeichnen ein Anforderungsprofil, mit dem sich Topmanager schmücken können. Gute Ressourcen bedeuten für den Einzelnen einen Gewinn an Gestaltungsmöglichkeiten, schlechte Ressourcen führen zu Unsicherheiten, Verspannungen und Überforderung. So entstehen Ungleichgewichte, die Folgen für die seelische Gesundheit haben. Nicht die Drogen sind das Problem, sondern die Beziehungskrisen, die einer Sucht vorausgehen. Kinder lernen früh, dass in dieser Welt etwas nicht stimmt, dass Bindun-

128

gen etwas Verlogenes sein können, dass man sich auf Dinge, Drogen und Tabletten besser verlassen kann und der Rausch zuverlässig eintritt. Sucht ist genauso ein Symptom wie eine Folge früherer Versäumnisse.

Niemand kann genau vorhersagen, welchen Weg ein Kind einschlägt. Es gibt keinen zwangsläufigen Mechanismus von Ursache und Wirkung. Nicht jeder Sohn eines Trinkers wird zwangsläufig selber einer. Nicht jedes Kind von Eltern, die auseinander gehen, wird bleibende emotionale Schäden davontragen. Kiffer, Kettenraucher und Kokser kommen aus den besten Elternhäusern. Andererseits führen Armut, beengte Wohnverhältnisse und hohe Anforderungen der Schule nicht automatisch dazu, dass ein Kind aggressiv, drogenabhängig oder verhaltensauffällig wird. Aber je mehr Risikofaktoren zusammenkommen und desto weniger schützende, ermutigende und stärkende Einflüsse ins Gewicht fallen, desto größer wird die Möglichkeit des Scheiterns an den Lebens- und Entwicklungsaufgaben. Und es gibt deutliche Anhaltspunkte für das, was nützt und das, was schadet.

Familie alleine ist weder Schutz noch Risiko – abhängig von dem jeweiligen Zustand kann eine Familie schützen, während sie sich zu einem anderen Zeitpunkt als hemmendes Korsett erweist. Die veränderten Rahmenbedingungen für die Familie sind jedoch riskant für eine wachsende Minderheit von Kindern und Jugendlichen, wenn sie mit einer großen Verunsicherung einhergehen. Den Zusammenhang zwischen geschwächten Bindungen, seltener erfahrener Zuverlässigkeit und Haltbarkeit sozialer Beziehungen auf der einen Seite und psychischer Verunsicherung und psychischer Krankheit auf der anderen Seite lässt die Forschung ganz klar erkennen.

Im Großen und Ganzen geht's gut: Die allermeisten Kinder und Jugendlichen kommen mit ihren Krisen zurecht, sie meistern ihre Lebensanforderungen und genügen

eigenen und von außen an sie herangetragenen Leistungs-
erwartungen. Vier Fünftel eines Jahrgangs gehen erfolgreich aus den Krisen hervor, die in den persönlichen, gesellschaftlichen und familiären Möglichkeiten ihres
Lebensalters entstehen. Einem Fünftel des gleichen Jahrgangs aber gelingt die immer mehr auf Selbstmanagement
und Eigensteuerung angewiesene Auseinandersetzung mit
den Anforderungen nicht. Bei ihnen werden durch soziale
und gesundheitliche Belastungen körperliche und seelische Kräfte überstrapaziert. Unbefriedigende, gewalttätige,
selbstzerstörerische Verläufe im weiteren Prozess der Persönlichkeitsentwicklung sind die Folge. Es gibt viele Wege,
Schieflagen auszubalancieren. Und jeder ist vom anderen
verschieden: Kinder verarbeiten ihre Krisen so oder so – ob
sie sich aggressiv Luft machen, sich depressiv zurückzie-
hen oder mit Hilfe von Drogen, Tabletten oder Alkohol
dem Problem ausweichen, hängt davon ab, über welche Re-
serven sie verfügen. Und dabei liegen taugliche und untaugliche Weg eben dicht beieinander.

Gratwanderung oder Eiertanz – die Erziehung zur Un-Abhängigkeit

Extreme taugen gar nichts: Ein streng und autoritär er-
zogenes Kind wird unter Umständen seine angestauten Aggressionen ebenso in der Gesellschaft abbauen wie ein
gleichaltriges Kind, das aufgrund seiner antiautoritären Erziehung ohne Grenzen und Regeln ständig aneckt. Mit be-
ständigen Drohungen, Tadel, harscher Kritik und Strafen,
wohldosiertem Lob und präzisen Belohnungen kann man
Kindern Gehorsam abverlangen und sie zu äußerlich ange-
passten, aber innerlich resignierten Persönlichkeiten machen. Irgendwann wird ihnen die Flucht in Traumwelten

130

attraktiv erscheinen, die mit der Unterstützung verschiedenster Stoffe umso besser gelingt. Doch all das nicht zu tun, reicht auch noch nicht: Ohne Regeln und Grenzen entwickeln sich Kinder zu realitätsfernen und rücksichtslosen Persönlichkeiten, die schnell Freizügigkeit als Gleichgültigkeit verstehen. Wenn Halt und Orientierung fehlen, entwickeln sich haltlose und orientierungslose Persönlichkeiten, die dem Diktat des Augenblicks unterworfen bleiben: Was ich haben will, muss ich auch kriegen – und zwar sofort! Die Bandbreite möglicher Erziehungsstile ist groß und an ihren extremen Polen vermutlich eher dünn besiedelt. Keine Mutter, kein Vater wird nur in beinerner Härte oder wachsweicher Nachgiebigkeit dem Nachwuchs gegenübertreten; Mischformen beherrschen das breite Mittelfeld, und manchmal durchläuft man auch alle Erziehungsstile an einem einzigen Tag. Wenn Sie jetzt überlegen, zu welchem Erziehungsstil Sie neigen und eigentlich finden, dass sie von jedem etwas vertreten, haben Sie den ersten Schritt schon getan: Es ist dieses Innehalten und genaue Hinsehen, wie und was man tut, aus welchen Gründen man sich so und nicht anders verhält, das einen weiterbringt – gerade wenn man sich besorgt fragt, ob Drogen für das eigene Kind eine Gefahr darstellen. Suchtvorbeugendes Erziehen ist kein spezielles Programm, das man nur abarbeiten muss, um auch in Bezug auf Drogengefahren den Kindern wirklich alles zu bieten – sie für den Arbeitsmarkt fit machen, noch jedes kleine musische Talent zu wecken, bloß keine sportliche Begabung verkümmern lassen und jetzt auch noch gegen Sucht und Drogen völlig immun zu machen. Es gibt keine genau kalkulierte Abfolge von Einzelmaßnahmen, die am Ende gewährleisten, dass das Kind in fraglichen Situation frohgemut Nein sagt, sondern es geht mehr um eine Haltung gegenüber möglicherweise auftretenden Suchtrisiken, die sich nahtlos in eine allgemeine Erziehungshaltung einfügt, gewissen

Aspekten aber mit Hellhörigkeit und Feingefühl begegnet. Kein Erziehungsstil kann garantieren, dass ein Kind nicht Suchtmittel ausprobieren wird. Aber wie es nach der ersten Zigarette, nach dem ersten Joint weitergeht, hat viel mit dem zu tun, was ein Kind bis dahin in seiner Familie erfahren hat. Gegenseitige Achtung ist der Anfang von allem; mit ihr steht und fällt das Selbstwertgefühl von Kindern und Eltern. Wer sein Kind achtet, fördert seine Selbstachtung – und das ist die wichtigste Voraussetzung, um ein gesundes, widerstandsfähiges Selbstwertgefühl aufzubauen. Die positive Wertschätzung der eigenen Person schützt vor abweichenden und ausweichenden Bewältigungsmechanismen, wie sie die Flucht in Gewalt, Drogen oder seelische Krankheit darstellen.

Bleibt die Achtung allerdings nur für eine Seite reserviert, gerät die Familie aus der Balance. Weder sollen die Kinder die Erziehung bestimmen noch die Eltern die Beziehung beherrschen. Beide sollen sich offen abstimmen und austauschen. Selbständigkeit und die freie Entfaltung des Kindes rangieren als Erziehungsziele heute weit oben. Aber wie ist das zu schaffen? Die Gratwanderung wird unversehens zum Eiertanz: Ohne autoritär Gehorsam einzufordern, wollen Eltern ihre Kinder zu Selbständigkeit und Leistungsfreude bewegen. Viele scheitern – sie versuchen es mit partnerschaftlicher Kumpanei, andere berufen sich auf die formale Überlegenheit nach dem Motto: „Solange du deine Füße unter meinen Tisch streckst ...", viele resignieren angesichts der heiklen Anforderungen der Erziehungsaufgaben. Den fertigen Plan, den Eltern für den Weg ihrer Kinder bereithalten können, den gibt es nicht.

Das magische Dreieck: Wärme, Regeln, Selbständigkeit

Wer Kinder erzieht, jongliert mit drei Bällen: Wärme, Regeln, Selbständigkeit. Aus Liebe fühlt sich das Kind angenommen, Regeln stützen das Zusammenleben mit anderen und die ständige Ermutigung zur Selbständigkeit lässt es groß werden. Ob warm und sicher oder kalt und lieblos, die Familie ist nun mal das einzige Nest, das Kinder haben. Hier erfährt ein Kind Herzenswärme, hier darf es sich angenommen, geliebt und aufgehoben fühlen. Das Kind muss merken: Ich mag dich so, wie du bist. Das ist die Grundlage der Beziehung zum Kind – wer die nicht eingeht, kann auch keinen Erziehungsprozess beginnen, mit dem er das Kind tagtäglich in seiner Entwicklung zur Selbständigkeit, Leistungsfähigkeit und Verantwortungsorientierung stärkt.

Zugleich ist es aber gefährlich, diese Wärmebeziehung zu überhitzen. Der emotionalen Überbehütung, die dann entsteht, fallen wichtige Spielräume, die Kinder zum Großwerden brauchen, zum Opfer. Das ist in den klein gewordenen Familien heute ein ständiges Risiko, dessen sich Eltern oft nicht bewusst sind. Mutter und Väter schütten ihr einziges Kind oft mit ihrer Liebe zu.

Schon ganz früh werden die tragfähigen Fundamente für eine starke Persönlichkeit gelegt. Eltern müssen ihre Kinder ermuntern, ihre kleinen alltäglichen Probleme selbst zu lösen. Nur das, was das Kind selbst schafft, steigert sein Selbstwertgefühl – statt etwas für das Kind zu tun, kann man ihm helfen, es selbst zu tun, mit vier genauso wie mit vierzehn. Es reicht vollauf, kleinen Kindern die Schuhbänder zu lösen, aber ihnen das Schuheausziehen selbst zu überlassen. Genauso unterstützt man seinen verschuldeten Vierzehnjährigen eher, wenn man ihm bei der Jobsuche behilflich ist, als wenn man seine Schulden bezahlt. Erziehung soll die Selbständigkeit des Kindes immer wieder herausfordern. Dazu gehören alle Schritte, die Kinder in die Lage versetzen, selbst Entscheidungen zu treffen und ihr Leben jeden Tag ein Stückchen mehr in die eigenen Hände zu nehmen: auch das Loslassen zum richtigen Zeitpunkt. Wer festhält, macht sein Kind abhängig. Umgekehrt überfordern diejenigen Eltern ihre Kinder, die ihre eigenen Leistungsmaßstäbe 1:1 in sie hineinprojizieren. Elterliche Geborgenheit kann auch in einen Würgegriff umschlagen – besonders dann, wenn die Eltern aus eigener Not heraus nicht mehr die Bedürfnisse und Interessen ihres Kindes im Auge haben, sondern vorwiegend ihre eigenen Ängste in Schach halten. Weniger Einfluss wäre oft mehr: dies meint nicht Gleichgültigkeit oder Grenzenlosigkeit, sondern ein Bereitstellen von Freiräumen, in denen Kinder etwas über sich und die Welt erfahren.

Erziehung lebt von der ständigen gemeinsamen Absprache, vom Aushandeln von Umgangsformen und Regeln, angemessen begründet und erläutert für jedes Alter und jeden Entwicklungsstand. Es hat wenig Sinn, siebenjährigen Kindern die Wahl der Automarke zu überlassen, aber warum sollten sie nicht im Für und Wider einer größeren Anschaffung für die Familie ihre Meinung abgeben können? Eine schöne Gelegenheit, Budgetgrenzen zu erörtern, einen Verzicht zu begründen und dabei die Anatomie von Sachzwängen zu erörtern. Ohne ein festes Familienritual ist kein gleichberechtigtes Familienleben möglich, in dem jeder seinen Platz gefunden hat und in dem seine Stimme zählt. Wer Familienregeln verletzt, der muss auch die Folgen spüren. Aus Bequemlichkeit und Unsicherheit lassen viele Eltern Regelverletzungen der Kinder durchgehen. Sie trauen sich nicht, auf Konfliktkurs zu gehen und die Sache anzusprechen. Mit Gründen Nein zu sagen und den Protest, der sich unweigerlich einstellt, auch auszuhalten, fällt den meisten Eltern ungeheuer schwer.

Der demokratische Erziehungsstil nimmt unerwünschtes Verhalten auf, spricht es an und macht es zum Gegenstand des Gesprächs zwischen Erwachsenen und Kindern. Nicht Strafen und Belohnungen, sondern persönliche Botschaften legen die eigene Situation als Erwachsener offen und versuchen zugleich, sich in die Lage des Kindes zu versetzen. Aus der Abwägung beider Bedürfnisse finden sie eine geeignete, von beiden getragene Lösung. Entscheidend ist, sich für die Pläne der Kinder und Jugendlichen zu interessieren, ihnen Anregungen zu geben und sie bei der Umsetzung ihrer Vorhaben zuverlässig zu begleiten. Autorität entsteht durch Beziehung und nicht durch Zucht oder bloßes Gewährenlassen.

Vorbilder und Nachahmer

Es war schon ein verblüffender Vorschlag: „Ihr müsst euch einfach mal wieder richtig besaufen!", wirft der siebenjährige Philipp in den Streit seiner Eltern ein, denen es angesichts dieser Äußerung die Sprache verschlägt. Schließlich haben sie sich noch niemals vor den Augen ihres Kindes einen Rausch angetrunken, geschweige denn sich „richtig besoffen". Gut, etwas angeheitert ist man schon mal nach Hause gekommen, aber – das muss einem doch noch gegönnt sein. Wie kommt das Kind denn darauf? „Na, dann seid ihr wieder fröhlich und lacht", erklärt er mit Eifer, „so richtig besoffen und dann vertragt ihr euch." Wider Willen muss sein Vater lachen, „wäre vielleicht gar nicht mal so schlecht". Lassen wir mal offen, ob Philipp seine Ratschläge aus Selbsterlebtem bezieht oder nur irgendwo etwas aufgeschnappt hat. Den Durchblick hat er längst: Betrunkene Leute torkeln und werden unheimlich lustig. Wenn man sich gestritten hat, kann man sich vertragen, wenn man zusammen ein Bier trinken geht. Und zum Feiern trinken Erwachsene Sekt. Und was man macht, wenn man mal zu viel getrunken hat und der Kopf am nächsten Tag brummt, weiß Philipp natürlich auch schon: „Dann nimmt man ein Aspirin und alles ist wieder gut."

Der Griff zu Tropfen und Pillen ist in vielen Familien ganz normal. Aber wie sollen Kinder auf die Idee kommen, ein Zipperlein auch mal auszuhalten, wenn stets medikamentöse Abhilfe parat ist? Wie man mit Genussmitteln, Tabletten und Suchtstoffen umgeht, lernen Kinder am Modell. Wissen Eltern eigentlich, welche Verantwortung sie für die Konsummuster ihrer Kinder tragen? Der Drogenkonsum ist tief in den alltäglichen Ritualen von Familien und Freundeskreisen verankert. Eltern müssen vor ihren Kindern noch nicht einmal verheimlichen, dass sie gerne trinken und gelegentlich auch mal einen über den Durst. Sie können sogar einräumen, dass sie zu viel trinken oder rauchen – schön, wenn sie hier die Bereitschaft erkennen lassen, die eigenen Gewohnheiten in Frage zu stellen. Woher sonst sollten ihre großen Kinder auch den Mut nehmen, dasselbe zu tun, wenn sie dereinst auf die Frage antworten sollen: „Sag mal, kiffst du eigentlich?" Sicherlich hat es ein kettenrauchender Vater schwer, seinem 11-jährigen Sohn, den er gerade mit der Zigarette im Treppenhaus erwischt hat, das Rauchen zu verbieten. Sein ärgerliches „Wenn ich dich noch einmal mit einer Kippe erwische, kannst du was erleben!" wird wirkungslos verpuffen, weil sein Sohn das ein bisschen lächerlich findet. In zwei Jahren wird der Vater toben, wenn süßlicher Rauch unter der Zimmertür seines Jungen hervordampft. Zur Rede gestellt, kontert der 13-Jährige: „Und was ist mit deinen Zigaretten? Die sind doch viel schädlicher als Haschisch! Du bist doch selbst drogenabhängig." Ein bewährter Gesprächsstopper, den jugendliche Probierer mit Erfolg einsetzen. Und die Eltern schweigen schuldbewusst ...

Natürlich haben es nichtrauchende, nichttrinkende Eltern leichter, aber auch all die anderen können ihren Kindern klarmachen, dass sie ihr eigenes Verhalten nicht für ein gutes Vorbild halten. Eltern müssen sich selbst fragen und vor allem auch von ihren Kindern fragen lassen, wie sie mit ihrem eigenen Verlangen nach Genussmitteln umgehen. Eigene Schwächen zu offenbaren gehört dazu – wie man mit Drogen umgeht, lernt man in der Familie. Eltern haben dabei die besten Chancen, solide Grundsteine zu legen. Ihre Bereitschaft, aufrichtig und selbstkritisch den eigenen Konsum in Frage zu stellen, ist ein wesentlicher Bestandteil des Erziehens zur Un-Abhängigkeit. Kinder erleben, dass auch Eltern über ihr eigenes Verhalten nachdenken und Fehler zugeben können. Ganz nebenbei kann man in Gesprächen mit Kindern wichtige Informationen über Stoffe und Gefahren einfließen lassen. Denn probieren werden die Kinder sowieso, was es mit den Zigaretten, dem Glas Bier oder der Flasche Wein auf sich hat, die für die Erwachsenen so wichtig sind. Viele werden den angebotenen Joint in der Clique nicht ablehnen und einige auch noch mitmachen, wenn neugierhalber mit Trips und Ecstasy experimentiert wird. Wenige werden auch Heroin versuchen. Aber lange vorher haben es die Eltern in der Hand, die Gefahren einzudämmen. Drogen können die Funktion übernehmen, eine unentwickelte und labile Persönlichkeit zu stabilisieren. Sie helfen bei dem Versuch, das gestörte Gleichgewicht zwischen den eigenen Bedürfnissen und den Anforderungen von außen herzustellen. Das alles können Eltern doch viel besser.

Ganz wichtig: Konfliktfähigkeit

An jedem Volkshochschulprogramm, aber auch im Kleinanzeigenteil der Zeitungen kann man es ablesen: Kurse, in denen faires Streiten geübt wird, sind heiß begehrt und als erste ausgebucht. Kein Wunder: Haben wir doch nie eine Sprache des Konflikts gelernt, außer der des Magengeschwürs und der Faust. Mühsam ringen wir in Nachhilfestunden darum, eine Sprache zu finden, die unsere Bedürfnisse angemessen übersetzt und uns erlaubt, uns mit anderen auseinander zu setzen. Wer Konflikte und innere Spannungen nicht lösen kann, braucht Ersatzhandlungen. Die Trostpflaster locken in unendlicher Vielfalt: Die kleine Aufmunterung kommt in Gestalt einer Praline daher, den Mut, den man nicht hat, kann man sich zur Not antrinken. Doch es hilft ja nichts: Wo Menschen zusammenleben, geraten ihre Interessen unvermeidlich in Konflikt, Gedanken und Wünsche sind eben verschieden. Aber wer hat schon so viel Selbstbewusstsein, im Austragen von Meinungsverschiedenheiten eine bereichernde Erfahrung zu sehen, die letztendlich nur gegenseitige Zuneigung und Interesse beweist? Wir sind alle furchtbar konfliktscheu, und den freundlich gelassenen Mut zur Auseinandersetzung bringen nur wenige auf. Oft fehlt es auch nicht an der Bereitschaft, sondern an der Zeit füreinander: Sich miteinander abzustimmen, Konflikte zu regeln oder gemeinsame Regeln zu entwickeln, braucht viel Zeit – besonders in der Familie, wo die unterschiedlichsten Bedürfnisse aufeinander prallen. „Mensch lass mich bloß in Frieden", oder „Was willst du denn jetzt schon wieder", sind Sprüche, die schnell mal herausrutschen und bestenfalls auch kurzfristig Ruhe bewirken. Auf lange Sicht jedoch vergiften verdrängte Konflikte die Atmosphäre; sie dünsten Misstrauen, Argwohn und Bosheit aus.

Eltern streben, wenn auch aus verständlichen Gründen, einen glatten und reibungslosen Ablauf des Familienlebens an – aber damit verpassen sie für sich selbst und ihre Kinder wichtige Lernchancen, die sich besonders aus Meinungsverschiedenheiten ergeben können: Faires Streiten drückt Respekt und gegenseitige Achtung aus, statt sie nur zu deklamieren. Viel vermeidbares Leid entsteht in Familien dadurch, dass Konflikte nicht ausgetragen, sondern hintergeschluckt, verdrängt, verschwiegen oder umgeleitet werden. Besser man lernt beizeiten richtig zu streiten, statt unterschiedliche Auffassungen, Wünsche und Träume aus Angst voreinander abzuwürgen. Die Fähigkeit von Kindern, Konflikte erfolgreich zu bewältigen, schützt sie gegen spätere Suchtgefahren. Miteinander zu verhandeln, ist ein guter Weg, das Prinzip gegenseitiger Achtung zu beleben Regeln sind wichtig – sie schaffen Spielräume, innerhalb derer man sich ausprobieren kann. Sie geben Kindern Sicherheit, weil sie dort etwas Wichtiges über sich selbst erfahren können. Sie können sich als Verursacher erleben, wenn ihre Handlungen Reaktionen hervorrufen. Ärger, Zorn und Schmerz sind Gefühle, die jeder hat. Sich dafür nicht schämen zu müssen und offen seine Empfindungen ausdrücken zu dürfen, hat jeder Mensch das Recht. Mit einer Konfliktlösung durch gemeinsam erzielte Abmachungen gewinnen Kinder wie Eltern, weil sie erfahren, wie man Meinungsverschiedenheiten nicht durch Kämpfe, sondern durch Verständnis löst, indem man verhandelt und konstruktiv streitet. Konflikte kann man nicht aus der Welt schaffen. Aber man kann einen Ablauf finden, der hilft, Auswege aus Auseinandersetzungen zu bahnen, die jedem gerecht werden. Zum Beispiel so:

• Jedes Familienmitglied sagt, was es möchte.
• Alle machen Lösungsvorschläge.
• Gibt es eine Idee, auf die sich alle einigen können?

- Was machen wir, wenn sich einer nicht an die Abmachung hält?
- Nach einer Weile kommen alle wieder zusammen zum Reden: Taugt die Lösung noch? Was wollen wir anders machen?

Dreh- und Angelpunkt ist das Selbstbewusstsein

Das grundsätzliche Interesse ihrer Eltern haben Kinder für ihre gesunde Entwicklung so nötig wie die Luft zum Atmen. Ein Kind braucht immer die bedingungslose Liebe seiner Eltern, aber mit den Jahren ändert sich die Art und Weise, in der es diese Liebe braucht: Warum sollte man das „Füttern auf Verlangen" Jahr um Jahr beibehalten, bis es schließlich auch noch Aufräumarbeiten nach mitternächtlichen Teenagerpartys und die selbstverständliche Überlassung des Familienautos an fünf Tagen die Woche einschließt? Ein Baby braucht die totale Geborgenheit des Rundumversorgtseins. Je größer es wird, desto wichtiger wird die aufmerksame Zuwendung, die kleine Kinder ermuntert, ihrer Neugier zu folgen und eigene Erfahrungen und Fehler zu machen. Grenzen wollen gezogen sein, denn nur innerhalb klar begrenzter Freiräume können Kinder ihre wirklichen Fähigkeiten mit allen Licht- und Schattenseiten kennen lernen.

Es ist völlig in Ordnung, wenn Kinder Aufgaben im Haushalt übernehmen oder sich darüber Gedanken machen, wie sie zu Geld kommen, um ihre Sonderwünsche zu erfüllen. Und Eltern dürfen durchaus darauf bestehen, dass Aufgaben erfüllt werden. Wenn der Junior sich weigert, abends noch schnell Brot kaufen zu gehen, gibt es eben keines. Wenn die Tochter sich weigert, ihren Hamsterkäfig zu säubern, muss das nicht die Mutter machen. Dass die Kinder Regeln brechen, ist ein Zeichen für ihre gesunde Entwicklung, dass wir sie darauf hinweisen und sie mit den Folgen konfrontieren, gibt ihnen klare Rückmeldung über ihr Verhalten und dient der Orientierung. Wichtig ist, dass heranwachsende Kinder altersgemäße Aufgaben in eigener Regie ausführen dürfen und so die Einstellung entwickeln: Dafür bin ich verantwortlich. Diese Auseinandersetzung zeigt ihnen, dass sie wertvoll sind und dass uns ihr Schutz am Herzen liegt, aber auch, dass wir ihnen etwas zutrauen. Kinder, die in ihren Hochs und Tiefs beständige Liebe spüren, erwerben das Vertrauen, das sich allmählich zum Selbstvertrauen mausert. Und Selbstvertrauen will Unabhängigkeit: der beste Schutz vor Abhängigkeit und Sucht.

Eltern haben viele Gelegenheiten, ihr Kind zur Selbständigkeit zu ermutigen – sie sollten keine auslassen, auch wenn es manchmal schwer fällt, sich diesen berühmten kleinen Ruck zu geben. Der Drang ist ja von Anfang an da: Schon Zweijährige sind ganz wild darauf, alles alleine zu können – und sie können schon viel, wenn man sie lässt. Eltern neigen stark dazu, die Fähigkeiten ihrer Kinder zu unterschätzen. Und wenn uns niemand darauf hinweist, werden wir noch dem 16-jährigen Sohn die Brote schmieren und dem 20-Jährigen die Wäsche waschen. Die Gefahren übermäßigen Beschützens müssen Eltern sich bewusst machen, aber auch die Grenzen, die sie setzen, wachsen mit: Ein Baby darf nicht auf die Fensterbank klettern, wenn das Fenster offen steht. Und eine 13-Jährige darf nicht im Minirock alleine nach Spanien trampen. Enge Grenzen hingegen entmutigen geborene „Selberkönner" schon früh: Um einen Teller zu retten, nehmen wir ihnen die Chance, ihre Geschicklichkeit beim Abwasch zu erproben. Um ihnen die Peinlichkeit zu ersparen, begleiten wir sie in die Klasse, wenn sie verschlafen haben und entschuldigen sie bei der Lehrerin. Um ihnen Mahngebühren zu ersparen, bringen wir eben selbst rasch die ausgeliehenen Bücher in die Bibliothek zurück. Und um sie wirklich immer in Sicherheit zu wissen, fahren wir fünf lebenstüchtige Teenager im Volvo auf den Fußballplatz.

Ohne das Zutrauen seiner Eltern, dass es heikle Situationen bewältigen wird, kann ein Kind nicht wachsen, sich nicht entwickeln und keine Freude am Tun empfinden und auch nicht die Zähigkeit, unangenehme Situationen einmal auszuhalten. Ermutigung und Zutrauen spornt das Kind auf dem weiten Weg an, auf dem es Selbstachtung erwirbt und auf seine Unabhängigkeit zusteuert – so lange, bis wir überflüssig geworden sind. Halten wir sie nicht klein, nur um uns groß zu fühlen.

Selbstachtung ist die entscheidende Kraft für das, was sich in einem Menschen abspielt: die Vorstellung vom eigenen Wert, die jeder mit sich herumträgt. Wissen, dass man etwas bedeutet und dass die Welt ein kleines Stückchen reicher geworden ist, weil man da ist. Glauben an die eigenen Fähigkeiten. Imstande sein, andere um Hilfe zu bitten, aber an die eigene Entscheidungsfähigkeit in sich selbst glauben. Wer sich selber wertschätzt, kann auch den Wert seiner Mitmenschen wahrnehmen und achten. Nur aus der Erfahrung, Probleme selbst zu meistern, baut sich Vertrauen in die eigenen Fähigkeiten auf. Daraus wiederum entsteht Selbstsicherheit und wächst der Stolz auf die eigene Leistung – eben ein gutes Selbstwertgefühl.

Junge Menschen, denen es psychisch, sozial und körperlich gut geht, sind gegen den Konsum von Drogen besser gewappnet als diejenigen, denen es schlecht geht. Wenn Eltern ihren Kindern alle Schwierigkeiten aus dem Weg räumen, nehmen sie ihnen etwas Wichtiges weg: die Chance zu lernen, Verantwortung zu tragen für sich selbst und andere. Die schwierige Gratwanderung zwischen Überforderung und Unterforderung verlangt von den Eltern viel Fingerspitzengefühl – aber durch ihre vertrauensvolle Haltung

142

können Eltern viel dazu beitragen, ob ihr Kind seine Entwicklungsaufgaben bewältigt oder ob diese es so sehr belasten, dass das Kind eher davor flüchtet – sei es in Krankheit oder Kränkeln ausweicht, wodurch sich so vieles entschuldigen lässt, oder später vielleicht in die Arme eines Beschützers flieht, der schon alles richten wird, oder zu Substanzen greift, die alles scheinbar so viel leichter machen. Wenn Eltern ihre Kinder nach Kräften darin fördern, mit Schwierigkeiten umzugehen, werden sie eher in der Lage sein, auf scheinbar bessere Ausflüchte zu verzichten.

9. Kapitel:
Von guten Freunden und schlechtem Umgang: die Clique

Cool, korrekt und manchmal krass: Eltern müssen draußen bleiben

Lars hat Geburtstag. Er wird 13 und will eine korrekte Party feiern. Korrekte Partys sollen vor allem cool sein: Es müssen genauso viele Jungen wie Mädchen kommen, viel Musik und wenig Beleuchtung, genug Platz zum Tanzen. Und die Eltern bleiben am besten draußen. Deshalb haben keine Mutter und kein Vater bisher erfahren können, was wirklich auf so einer Party vor sich geht. Nachfragen werden bündig beschieden: „Ich hab keine Lust, darüber zu reden." Oder „Das verstehst du sowieso nicht." Partys von 13-Jährigen sind ein großes Geheimnis.

Vor zwei, drei Jahren sahen die Geburtstagsfeiern bei Lars noch anders aus: Eine Horde Jungen feiert mit Nutellatorte, vergnügt sich bei der Schatzsuche und liefert sich heiße Duelle an der Carrera-Bahn, während Mama in der Küche die Würstchen wärmt und Pommes brutzelt. Kein Mädchen störte je die Runde, „die sind mir viel zu zickig", befand der Jubilar auf harmlose Nachfragen. Warum? „Weil Mädchen blöd sind."

Auf einmal ist alles anders. Aus Jungen und Mädchen werden rastlose Wesen, die stündlich etwas verändern – Haarfarbe, Outfit, Launen. Jungen bringen ihre Haarschöpfe mit Gel oder Nivea in Form, drehen sich manchmal Rastalocken oder greifen zum Rasierapparat. Krass muss es sein: Alle tragen die Hosen auf Halbmast und las-

144

sen die Schnürsenkel ihrer Turnschuhe offen, einige tragen eine Wollmütze mit dem Emblem einer Cannabis-Pflanze. Alle bewegen sich im Zeitlupentempo und gestikulieren mit weit ausschweifenden Armen.

Mädchen fangen an, sich zu schminken und alle halbe Stunde ihre Freundinnen anzurufen. Sie schlüpfen in bauchfreie Tops und interessieren sich für Nagellack in Neon-Farben. Keine Folge von „GZSZ" wird mehr verpasst und alles fortan nur noch zu zweit mit der besten Freundin unternommen.

So oder so ähnlich geht sie los: die Vorpubertät. Alle Zeichen stehen auf Veränderung – so überwältigend, dass die Kinder kaum hinterherkommen. Denn ein Sturm bricht los: körperlich, seelisch und geistig geraten die Dinge in Bewegung. Die einen setzen ihre Entwicklung grell, schrill und provozierend in Szene, andere ziehen sich zurück und vergraben sich in die Innenwelt ihrer Phantasien und Weltschmerzen. Stimmung, Gefühle und Gemüt gehen auf Achterbahnfahrt. Eben noch gut drauf und albern bis zum Abwinken, jetzt zu Tode betrübt und gleich wieder voller Wut: Türenknallen, Tränen, Gebrüll und Gesten der Anschmiegsamkeit wechseln wie das Wetter im April. Beim Hausaufgabenmachen dudeln die Toten Hosen oder Celine Dion, abends zum Einschlafen die Kassette mit den Abenteuern des Sams oder Emil und die Detektive.

„Was ist normal?" – die Frage stellt sich Eltern und Kindern gleichermaßen dreimal am Tag, aber eine verbindliche Antwort gibt es nicht. Wenn es um das Ende der Kindheit geht, heißt der kleinste gemeinsame Nenner: Alles wird anders. Die französische Kinderpsychotherapeutin Francoise Dolto vergleicht in ihrem Buch „Von den Schwierigkeiten, erwachsen zu werden" den Zustand mit einem Hummer. Wenn der seinen Panzer wechselt, verliert er zunächst den alten. Bis ihm ein neuer Panzer gewachsen ist, lebt er ganz und gar schutzlos. Während dieser Zeit schwebt er in großer Gefahr. Kindern auf dem Weg zum Erwachsenwerden geht es ganz ähnlich.

Mädchen und Jungen gehen getrennte Wege beim Erwachsenwerden, die sich zwar immer wieder aufeinander zu bewegen, aber verschiedene Herausforderungen bereithalten. Für Mädchen sind die Probleme auf den ersten Blick weniger deutlich. Die erste Periode ist längst kein Drama mehr – in der öffentlichen Diskussion wie auch im privaten Bereich ist heute ein Klima geschaffen, in dem sich eigentlich über alles reden lässt. Gesprächspartnerinnen finden Mädchen in der Schule, in Mädchengruppen, in Gestalt der besten Freundin oder der Mutter. Für Jungen fehlt eine vergleichbare offene Atmosphäre. Wenn es darum geht, über körperliche Veränderungen und die damit sich einstellenden Gefühle zu sprechen, sind sie auf sich gestellt. Sicher können sie sich einem guten Kumpel anvertrauen, doch für den ist ja auch alles neu. Vielen Jungen fehlen die Ansprechpartner, denen sie sich auf ihrem Weg ins Mannsein offenbaren können. Jungen haben in der Pubertät jede Menge Probleme – nur sprechen sie nicht darüber. In den Schulen, den Sportclubs oder Jugendzentren treffen sie kaum die Erwachsenen, denen sie sich anvertrauen könnten. Es fehlt vielen Jungen an Selbstvertrauen, und gleichzeitig steigt ihre Neigung zu Aggression, Depression und Selbstmord. Die Jungen behelfen sich, indem sie Selbstbewusstsein eher vortäuschen – männliche Attribute wie Stärke, Coolness, Wagemut und Kontrolle spielen sie so übertrieben aus, um den anderen zu zeigen: Hey Alter, nu schieb mal nicht den Cörnel hier.

Mädchen haben mehr Ruhe, um mit ihren weiblichen Attributen zu experimentieren. Keiner lacht sie aus, wenn sie den ganzen Nachmittag Frisuren ausprobieren oder sich jeden einzelnen Finger- und Zehennagel in einer anderen

Farbe lackieren. Aber zu ihrer eigenen sexuellen Identität finden Mädchen trotzdem schwerer als Jungen. Viele Mädchen haben enorme Schwierigkeiten, ihren Körper so anzunehmen wie er ist – die Angst kommt mit ins Spiel, nicht schön und begehrenswert zu sein: der Hintern zu dick, der Busen zu groß oder zu klein, die Haare zu schlaff und gegen die Pickel im Gesicht scheint auch kein Kraut gewachsen.

Wenn der Körper sich verändert, brauchen Jungen und Mädchen sich gegenseitig als Spiegelbild, das den Vergleichs-Check ermöglicht. Was ist wichtiger als die Akzeptanz beim anderen Geschlecht auf dem Weg in einen neuen Lebensabschnitt? Die große Zeit der Cliquen bricht an, der Einfluss der Eltern schwindet. Liebe light ist angesagt: Jetzt braucht jeder einen Partner. Liebesbriefe, Fotos, Telefonnummern werden ausgetauscht. Der Schulhof, die Straße, das Kino – jeder öffentliche Ort wird zum Paradeplatz. Große Wanderungen beginnen. Die Mädchen gehen zu fünft von Haustür zu Haustür und klingeln die Jungen heraus, Jungen kreuzen auf großen Umlaufbahnen durchs Viertel, um dann auf dem Spielplatz einzulaufen und ganz zufallig die Mädchen aus der Nachbarschaft wiederzutreffen. Dort verharren sie dann alle in einem großen Kreis und scharren mit den Füßen. Ganz Mutige legen auch schon mal die Arme umeinander, um zu demonstrieren: Sehr her, ich bin ein Mann – ich habe eine Frau (und umgekehrt). Einige rauchen Zigaretten, auch wenn sie den Husten unterdrücken müssen. Ein, zwei andere haben neulich ein paar Büchsen Bier mit auf den Spielplatz gebracht – voll cool. Unter all dem unübersichtlichen Dahergerede über die Frage, wer mit wem geht, wer den längsten hat und wer wie viel verträgt, wogt ein Ozean von Möglichkeiten, auf dem es sich zu orientieren gilt. Mutproben gehören dazu, Schieflagen stellen sich schon zwangsläufig ein. Auf dem Weg zwischen den Welten, die Familie und Freunde zu

trennen scheinen, wird die Luft von selbst dicker. Macht-
kämpfe zu Hause („Ihr könnt mir gar nichts sagen") und
Hackordnungen in Klasse und Clique („Wer ist angesagt?")
wollen ausgetragen sein, Rückschläge verdaut werden.
Antworten müssen her: Wer bin ich? Wie möchte ich sein?
Die Suche nach einer neuen Identität ist nichts anderes, als
das Leben in seiner ganzen Wucht und Widersprüchlich-
keit zuzulassen. Da sind die Gleichaltrigen ganz nah.
Es ist dunkel geworden. Zeit nach Hause zu gehen. Einzelne brechen schon auf. In ein paar Minuten werden ihre
Mütter und Väter sie wohl wieder fragen, wo sie sich um
alles in der Welt so lange herumgetrieben haben. Und wie
immer nichts rauskriegen. Denn auch hier gilt die Stan-
dard-Antwort für neugierige Eltern: „Davon verstehst du
nichts."

Gute Freunde oder schlechte Einflüsse?

Kinder, die unabhängig werden, rufen in ihren Eltern
immer ganz gemischte Gefühle wach. Das beginnt manchmal schon früh, wenn der sechsjährige Sohn dem geplanten
Familienausflug am Sonntag eine Abfuhr erteilt und stattdessen lieber mit seinem besten Freund und dessen Vater
ins Schwimmbad geht. Kleine Stiche, Brüche und Risse
stellen sich ganz von selbst schon im Lauf der Jahre ein –
und verheilen. Wenn aber mit elf, zwölf Jahren die Absetz-
bewegungen des Nachwuchses in Richtung seiner eigenen
Generation häufiger und heftiger werden und länger dauern, klingeln bei vielen Eltern die Alarmglocken. Das Loslassen kann schmerzen und dieser Schmerz kann viele Ge-
sichter haben. Auch die Angst, ihr Kind könnte von seinen
Freunden Drogen angeboten bekommen, gehört dazu. Aus
Sorge um ihr Wohlergehen fällt es Eltern schwer, die her-

anwachsenden Kinder rechtzeitig loszulassen. Die Freunde der Kinder stehen auf einmal in einem ganz anderen Licht da. Man sorgt sich um den Einfluss, den sie auf das eigene Kind haben – zumal man wenig erfährt, wenn man fragt. Diese aufgebretzelte kleine Susi im Ledermini, mit der er neulich stundenlang im Zimmer gehockt hat. Oder sein Freund Paul: neuerdings trägt er eine Silberkette mit einem Anhänger in Cannabis-Form um den Hals, „nur so aus fun". Sagt er jedenfalls. Gestern haben sie sich alle bei Zora getroffen, „für die Mathe-Arbeit üben", hieß es. Tage später kam raus, dass man eben so rumgehangen habe und ja, ein Joint sei auch geraucht worden. Und erst vor ein paar Tagen der wütender Aufschrei der 12-jährigen Tochter auf den Vorschlag hin, zur Not auch einmal einen Nachmittag ohne ihre Freundin Lisa verbringen zu können, „meine Freundin werde ich nie verlassen! Sie ist mir viel wichtiger als ihr!"

Erfahrungen mit Freunden, außerhalb der Kontrolle der Eltern, sind ein wesentlicher Bestandteil auf dem Weg in ein unabhängiges Leben – so weit so gut. Aber wie weit genau reicht eigentlich der Einfluss der Freunde?

Übergangspassagen

Die Zeit der Ablösung der Kinder war seit jeher mit dem Eintritt in den Konsum psychoaktiver Substanzen verbunden – heute findet diese Ablösung früher als jemals zuvor statt. Schon mit 10, 11 Jahren wenden Kinder sich Gleichaltrigen zu. Es ist kein Zufall, dass sich der Einstieg in den Zigaretten- und Alkoholkonsum fast in dem gleichen Maße vorverlagert hat wie die innere Abnabelung von den Eltern erfolgt. Noch dazu sind uns die traditionellen Muster, nach denen sich diese Entwicklung vollzieht, weitgehend abhanden gekommen. Der Übergang vom Kindsein in den Erwachsenenstatus wird in vielen Kulturen durch unterstützende Rituale gefestigt. Alle diese Zeremonien haben denselben Ausgang: die Initianden gelten fortan als erwachsen. Solche Rituale haben wir in Europa nicht mehr – Jugendweihe oder Konfirmation sind ihres entwicklungspsychologischen Aspektes schon lange enthoben. Viel spricht dafür, dass die Clique der Gleichaltrigen sich dieser Aufgabe des Erwachsenwerdens angenommen hat. Die Verlagerung vom starren Ritus, der weitgehend von Erwachsenen angeleitet, eine bestimmte Abfolge von Reifeschritten vorsah, hin zu einer kreativen und flexiblen Selbstinitiation der Heranwachsenden in der Gruppe der Gleichaltrigen kennzeichnet heute die Passage des Übergangs vom Kindsein zum Erwachsenenstatus.

Denn die Abnabelung von den Eltern folgt heute keinem traditionell fest gefügten Muster mehr. Einzelne Schritte, die für die Eltern noch stärker aufeinander folgten, wie der Gewinn ökonomischer Selbständigkeit, Auszug aus dem Elternhaus oder erste sexuelle Erfahrungen sind heute voneinander abgekoppelt. Als einzelne Elemente in der gesamten Dynamik stehen sie für vielfältige und individuell höchst unterschiedliche Herausforderungen: In der Schule sind Kinder schon früh darauf angewiesen, ihre künftige soziale Rolle als Berufstätiger in eigener Verantwortung zu gestalten. Dasselbe gilt für den Aufbau freundschaftlicher Kontakte – schon im Grundschulalter müssen Kinder viel soziale Geschicklichkeit aufbringen, um ihre zwischenmenschlichen Beziehungen zu regeln. Viel Freiraum bietet die Freizeitgestaltung, wo Kinder nicht selten eine soziale und technische Kompetenz entwickeln, die mühelos die der Eltern überholt. Kinder verfügen heute schon früh über Geld, das sie nach eigenem Gutdünken ausgeben dürfen – ihr Taschengeld macht sie schon im zarten Alter zu heiß umworbenen Konsumenten. Alles das führt zu einer psychosozialen Frühreife, der aber eine ökonomische Spätreife entgegensteht. Denn der Eintritt in selbständige Erwerbsrollen am Berufs- und Arbeitsmarkt wird immer weiter hinausgeschoben – ein sozialer Widerspruch zu frühen kulturellen Verselbständigungen entsteht. Mit den Freiheiten sind auch die Herausforderungen gewachsen – die Verhandlungsmasse ist groß: Das spannungsvolle Verhältnis zwischen Rolle und Status prägt auch den Ablöseprozess der Jugendlichen von ihren Eltern und hinterlässt seine Spuren in den familiären Auseinandersetzungen. Eigenleistung ist gefragt, denn die Spielräume für die eigene Gestaltung dieser Lebensphase sind weit – und für einige Jugendliche möglicherweise zu weit. Die Konsequenz ist häufig eine Überforderung der psychischen und sozialen Bewältigungskapazität, die bei vielen Jugendlichen mit Alkohol- und Drogenkonsum verbunden sein kann.

In schlechter Gesellschaft?

Was machen Jugendliche nun, da sie doch ebenso das Bedürfnis nach Anerkennung und Eintritt in die Welt der Erwachsenen haben? Fragt man mal nach bei den 14-Jährigen, ob sie 12 oder lieber schon 16 wären – die allermeisten wären lieber 16 Jahre alt: weil ihnen dort mehr Anerkennung und Freiheit winkt. Ob man sich nun mit 11, 12 Jahren den ersten Bikini mit Taschentüchern auspolstert, die ersten Barthärchen schwarz nachzieht, um sich älter zu machen, oder sich frohgemut eine Zigarette in das Kindergesicht steckt – in Ermangelung von unterstützenden, geführten Ritualen entwickeln Jugendliche Ersatzrituale: dazu gehören Mutproben, leistungsbezogene Saufzeremonien, manchmal das gemeinschaftliche Onanieren und eben auch geheimnisumwitterte erste Drogenerfahrungen.

Damit muss man rechnen: Psychoaktive Substanzen begleiten diesen schwierigen Ablösungsprozess; sie wirken teilweise als Schmiermittel für die Entwicklungsaufgaben, die für diese Lebensphase charakteristisch sind. Der Drogenkonsum verschafft diejenigen Leistungseffekte, Kontaktmöglichkeiten, erotischen Impulse, Entspannungserlebnisse und Gruppenzugehörigkeitsgefühle, die sich Jugendliche wünschen. Hinzu kommt eine durch und durch kommerzialisierte und fast schrankenlose Werbung, die noch jedes marktfähig scheinende Bedürfnis anheizt und den Griff zu diesen Substanzen als selbstverständlich und richtig darstellt. In der Clique kann sich das verstärken. Besonders, wenn der Gefährdete auf andere Jugendliche trifft, die seine Protest- oder Aussteigerhaltung oder seine passive Null-Bock-Ideologie teilen, kann es heikel werden. Der gemeinsame Konsum verschiedener Substanzen stiftet ein Gefühl der Zugehörigkeit und des Angenommenseins, das umso attraktiver wird, je mehr es jenseits der Clique vermisst wird. Bei der Wahl der Suchtmittel im Anfangsstadium und auch beim Übergang zu härteren Drogen wie von Haschisch zu Heroin, ist der in der Clique vorherrschende Konsum von ausschlaggebender Bedeutung. Dies geht aus sämtlichen Untersuchungen zum Drogeneinstieg und zur weiteren Suchtentwicklung klar hervor. Es wird das eingepfiffen, was in der Gruppe gerade angesagt ist. Anerkennung in der Gleichaltrigengruppe wächst durch Drogen- und Alkoholkonsum. Wer am meisten konsumiert, hat Ansehen und Status – eine gefährliche Verlockung, besonders für Jugendliche mit starken Minderwertigkeitsgefühlen. Deshalb kann es sehr schnell gefährlich werden, wenn sich Heranwachsende durch die Droge sicherer und stärker fühlen und dadurch in ihrer Clique besser ankommen – insbesondere dann, wenn die Drogen durch entsprechende Kontakte griffnah sind und der weitere Nachschub durch reichliches Taschengeld auch finanziell gesichert ist.

Nichts anderes geschieht übrigens in Kegelclubs, Fußballvereinen, Damenkränzchen, beim Ladys Lunch oder Sektfrühstück mit Kolleginnen: Unter Freunden und Bekannten werden gültige Normen zum Drogenkonsum durchgesetzt und akzeptierte von nicht-akzeptierten Formen unterschieden. Vom Kaffeeklatsch darf man angeschickert nach Hause kommen, nicht aber sturzbetrunken. Das wiederum erscheint bei heimkehrenden Fußballfans ganz normal; sofern sie männlich sind und ein bestimmtes Alter nicht unterschreiten, wird sich kaum jemand darüber wundern. Diese unausgesprochenen Bündel von Normen, die den ganz alltäglichen Drogenkonsum regeln, wirken je nach Ausrichtung risikofördernd oder risikomindernd für die Ausbildung schädlicher Konsummuster. Gewisse Gesetzmäßigkeiten substanzgestützter Geselligkeiten lassen sich erkennen: Je größer die Anzahl der Freunde ist, die Drogen konsumieren, desto höher ist die Wahrscheinlichkeit, selbst Drogen zu konsumieren. Nicht einfach nur die Verfügbarkeit allein entscheidet, sondern ganz besonders die gemeinschaftsstiftende Komponente des Drogengebrauchs – ein Akt der Konformität mit der eigenen subjektiv relevanten Umwelt der Gleichaltrigen. Erwachsenen stehen – hoffentlich – noch andere Persönlichkeitsbereiche, die zur Selbstdarstellung taugen, zur Verfügung, doch jeder Mineralwassertrinker hat seine Erfahrungen mit den anderen, die ebenfalls sprudelnde Getränke in langstieligen Gläsern genießen. Spott und Häme lassen nicht lange auf sich warten, wenn man sich durch die Wahl seines Getränkes zum Außenseiter stempelt – sie zu ertragen muss man erst einmal lernen. Jugendliche stecken in Umbruchzeiten und sind entsprechend anfälliger für Fluchtlösungen: wenn sie, zum Beispiel, sich gerade zu einem Fußballfanclub hingezogen fühlen, aber keinen Alkohol trinken möchten, werden sie mit sanftem Druck zu einheitlichem gruppenbezogenem Handeln angehalten, um durch den gemeinschaftlichen Drogengebrauch die Bezugsgruppe zu stabilisieren. Besonders deutlich wird dies bei der Betrachtung von verschiedenen Drogensubkulturen, in denen neben gleichen Einstellungen und Verhaltensregeln außerdem spezielle Konsumgewohnheiten gelten, die Regeln folgen und für alle Mitglieder der Gruppe gleichermaßen gelten. Gerade der Einstieg in den Drogenkonsum, der gemeinsam mit Freunden stattfindet, ist funktional orientiert und sozial eingebettet und wird von gruppentypischen Werten, Normen und Handlungsvorschriften geleitet – mehr als von den spezifischen Wirkweisen der Substanzen selbst.

Die Clique als Außenfamilie

Der unbestreitbaren Bedeutung der Gleichaltrigen für die eigene Entwicklung wegen genießt die Clique einen herausragenden Ruf – wenn es um Suchtvorbeugung geht, allerdings fast nur als Risikofaktor. Die einseitige Sichtweise auf den schlechten Umgang, die verführerischen Freunde, das schlechte Vorbild – auf die Clique als Motor und Träger sozialen Drucks in Richtung Substanzkonsum leugnet jedoch den Reichtum der zwischenmenschlichen Beziehungen und die kollektive Produktivität in der Gleichaltrigengruppe. Dabei liegt gerade hier ihre große Bedeutung.

Aus der Sicht des Einzelnen erfüllen Gruppen einen wichtigen Zweck für die Ablösung vom Elternhaus, aber auch für die Ausgestaltung sexueller Identität. Die Gruppe ist der zentrale Ort der jugendlichen Selbstsozialisation, der es jedem Einzelnen erlaubt, über sich selbst hinauszuwachsen: In der Gruppe tun Jugendliche, was sie allein nicht tun würden. Dies gilt für den Konsum von Substanzen, aber auch für andere Dinge, für die sie Mut brauchen. Die Gleichaltrigengruppe ist beides: Ort der Begegnung der Geschlechter und ebenso Ort der ersten und der weiteren Konsumerfahrungen, die Suchtmittel betreffen. Eingebettet in die Clique finden erste Annäherungen statt, entwickeln sich Freundschaften, tauscht man sich über sexuelle Erfahrungen aus. Hier machen beide Geschlechter untereinander und miteinander Erfahrungen, handeln Ansprüche aus und legen Normen für ihr Verhalten fest: welche Jungen mit welchen Mädchen (und umgekehrt) was machen dürfen und was nicht erlaubt ist. Sie bestimmen Sanktionen bei Normverletzungen, Cliquen bringen einen Geschlechterstil genauso wie einen Drogenstil hervor: Welche Substanzen abgelehnt werden oder welche sogar, in ritualisierter Weise konsumiert, dazugehören, unterscheidet einzelne Subkulturen. Selbstinszenierungen und Stilbildungen dienen im Bemühen der Jugendlichen, für sich einen annehmbaren Platz im Geschlechterverhältnis zu finden, als Symbole von hoher Ausdruckskraft: sie helfen dabei, Erfahrungen in Einklang zu bringen – die Suche nach dem roten Faden in dem, was man erlebt, gehört zum Wachsen der eigenen Identität. Mit ihrer Stilbildung basteln sich Jugendliche Ausdrucksformen für das, was sie beschäftigt. Dabei können sie mit der Bedeutung bestimmter Substanzen ebenso operieren wie mit Männlichkeits- oder Weiblichkeitsbildern. Die symbolische Bedeutung von Drogen, in der Gruppe verankert und ritualisiert, ist ein für alle sichtbares Zeichen, das viel verrät über den Stand der Bauarbeiten am Projekt Identität.

Mädchencliquen, Jungencliquen und gemischte Runden

Zwischen Substanzkonsum und Geschlechterverhältnis einerseits und der Zusammensetzung der Subkulturen gibt es einen Zusammenhang: So dominieren beispielsweise in harten Alkoholsubkulturen anteilsmäßig Jungen – das Trinken ist ritualisierter Bestandteil des Gruppenlebens, in dem eine deutliche Hierarchie das Männliche auf- und das Weibliche abwertet. Gemäßigt konsumierende Szenen sind dagegen deutlich egalitärer ausgerichtet und gestehen Mädchen mehr Rechte zu. Die Formen der Aufnahmerituale in die Geschlechterkulturen unterscheiden sich bei Mädchen und Jungen und bilden sich auch in verschiedenen Drogenstilen ab: Für Jungen ist der außerhäusliche Bereich besonders wichtig. Aufnahmerituale von Jungen in den Kreis älterer oder ranghöherer Männer stellen Mut- und Bewährungsproben in den Mittelpunkt, für die Alkohol eine Rolle spielt: als Nachweise der Fähigkeit, eine körperliche Zumutung zu vertragen und zu verkraften und den Widerwillen zu überwinden. Noch dazu haben Aufnahmerituale in exclusive Männergemeinschaften – in Gemeinschaften Erwachsener genauso wie bei Gleichaltrigengruppen – eine aggressive sexuelle Note. Dominanzgesten werden hoch bewertet – Trophäen sind sowohl der Rausch wie auch die sexuelle Eroberung. Für Mädchen spielt die familiär organisierte Einweisung, besonders das Gespräch zwischen Mutter und Tochter eine größere Rolle. Sie dienen dazu, die Angst der Mutter wie auch der Tochter zu mindern. Die Aufnahme in den Kreis der Frauen überbringt Botschaften zur Gefährlichkeit und Bedrohtheit des weiblichen Körperinneren – es werden Strategien zum Schutz vor verletzungsmächtigen Männern und Folgen von Sex vermittelt. Nicht nur auf Empfängnisverhütung, sondern auch allgemein auf den Umgang mit dem Körper im Sinne der Bewahrung, Schonung und Manipulation beziehen sich die Ratschläge. In Bezug auf den Substanzkonsum raten Frauen untereinander zur Vorsicht, appellieren an die Vernunft der Mädchen und warnen vor Kontrollverlust und auffallendem Verhalten. Das ebnet aber auch den Weg für den Medikamentenkonsum sowie psychosomatische Erkrankungen und Befindlichkeitsstörungen als Reaktionsformen.

Für Mädchen und Jungen existieren verschiedene Konsumnormen, je nachdem wie hierarchisch oder egalitär das Geschlechterverhältnis subkulturell geprägt ist. Die Vorstellungen, wie viel und was Mädchen konsumieren sollen, dürfen oder müssen, und was für Jungen gilt, sind eng gebunden an Weiblichkeits- und Männlichkeitsvorstellungen, die ihrerseits zentral für die Herausbildung der Geschlechtsidentität sind.

Jugendliche geraten nicht in Cliquen einfach so hinein. Sie suchen sich ihre Clique aus – wobei sie durchaus eine gewisse Auswahl haben angesichts der vielfältigen Aufsplitterung der jugendlichen Szene-Milieus. Punker, Raver, Grufties, Kiffer oder Popper: Ob eine Gruppe attraktiv ist, entscheidet sich daran, ob und wie sie gerade diese Symbole und Verhaltensweisen repräsentiert, die ein Einzelner oder eine Einzelne als mögliche Hilfe bei der Bewältigung der Entwicklungsaufgaben brauchen kann, vor dem eigenen Hintergrund der persönlichen Problemerfahrung und der lebensgeschichtlich bereits ausgebildeten Bewältigungsvorlieben: Die Clique setzt fort, was in der Familie gelernt wurde.

Jugendliche sind unterschiedlich familien- oder cliquenorientiert, und die Gleichaltrigengruppe ist alles anders als gleich. Ob sich ein Heranwachsender einem Sportverein, dem Kifferclub, einer Fußballfangemeinde oder der verschworenen Freundesclique anschließt oder schlicht die Freunde aus Kindertagen gemeinsam beschließen, die Mysterien des Drogenkonsums zu erkunden – es ist immer eine höchst aktive und viel sagende Auswahl und viel mehr als die bloße Verführung, der ansonsten viel versprechende und wohlgeratene Kinder zum Opfer fallen.

Vom Sinn der Symbole: Substanz und Geschlecht

Suchtmittelkonsum ist vielfach mit der sich herausbildenden Geschlechtsidentität verbunden: Zu bestimmten Männlichkeitsvorstellungen gehört ein speziell männliches Trinkverhalten, früher war für Frauen Emanzipation und Rauchen assoziiert. Über die Beteiligung an Konsumformen, die männlich betont sind, können Mädchen ein Konkurrenzverhältnis zu Jungen ausdrücken und ihren Wunsch unterstreichen, als Gleiche anerkannt zu werden. Für Jungen kann der exzessive Alkoholkonsum leicht in seiner Funktion als Männlichkeitsdarstellung und Versuch, Schwierigkeiten im Verhältnis zu Mädchen zu bewältigen, entschlüsselt werden. Darüber hinaus gibt es eine Reihe von Strategien von Mädchen, die durchaus Suchtgefahren beinhalten. Sie lassen sich deuten als eine Art des Umgangs mit Ohnmachtserfahrungen und Angst im Geschlechterverhältnis: Fasten und asketische Körperkontrolle können unter Umständen signalisieren, dass ein Mädchen noch nicht bereit ist, sich auf Jungen einzulassen. Mit psychosomatischen Störungen, Verhaltensauffälligkeiten und zur Sucht neigenden Ausflüchten können heranwachsende Kinder von Bedeutungen sprechen, die an das Geschlecht gebunden sind. Gerade weil Jugendliche ihre Geschlechtsidentität erst aufbauen, spielen sie mit Konsumformen, die an das Geschlecht gebunden sind. Auf der symbolischen Ebene versprechen sich Mädchen und Jungen von dem gewählten Verhalten eine imaginäre Lösung ihrer Probleme. In der Wahl einer bestimmten Substanz kann sich eine gewichtige Entwicklungsproblematik mit drohendem Scheitern abzeichnen, daneben gibt es aber auch die spielerische, phantasierende und auseinander setzende Bewältigung von Realität, bei der im Handeln auf Probe Inszenierungen der eigenen Persönlichkeit auspro-

158

biert werden – dafür ist die Gruppe der Gleichaltrigen die ideale Bühne. Diese Probevorstellungen sind wichtige Stationen auf dem Weg zum Erwachsenen. Ob problemausweichend oder probehalber mit verschiedenen Drogenstilen experimentiert wird, ist nicht leicht zu erkennen. Aber in beiden Fällen offenbart das Konsumverhalten seinen eigenen Sinn, wenn es darum geht, zentrale Entwicklungsaufgaben zu bewältigen. Auf dem Weg zum Erwachsenen ist das Forum der Bewältigung die Wechselbeziehung mit anderen, besonders mit Gleichaltrigen. Dabei wird der Cliquenstil in punkto Geschlecht und Drogen jenseits individueller Motive zu einem sozialen Zeichen. Mit ihrem Verhalten finden Einzelne wie auch ganze Gruppen einen gemeinsamen Ausdruck dafür, was sie beschäftigt und gehen einen Schritt dahin, wo sie die Lösung dessen, was sie beschäftigt, vermuten. Die Form, in der sich heute die zentrale Entwicklungsaufgabe für Mädchen und für Jungen stellt und die soziale Organisation dieses Übergangs vom Mädchen zur Frau, vom Jungen zum Mann, liefern eine Reihe von Anhaltspunkten dafür, warum Mädchen zu anderen Bewältigungsstrategien greifen als Jungen. Zusammen mit der persönlichen Färbung der Entwicklung lässt sich so erfassen, warum bei Überforderungen oder Scheitern die einen mit dem Trinken anfangen, andere dagegen mit Essstörungen reagieren und dritte zu Psychopharmaka greifen – oder in Gefahr sind, es zu tun.

10. Kapitel:
Auf dem Drahtseil – Was Eltern tun können, wenn sie Drogenkonsum bemerken

Eltern haben es wahrhaftig nicht leicht, eine Drogensucht rechtzeitig zu erkennen geschweige denn früh genug zu bemerken, dass ihr Kind sich mit Suchtstoffen in Gefahr gebracht hat. Nicht nur, weil schon der Verdacht rundheraus abgestritten wird. Auf: „Hast du etwa geraucht?" – „Sag mal, kiffst du eigentlich?" – oder: „Du hast doch getrunken!" heißt es nicht nur „Spinnst du? Ich doch nicht!" – sondern auch, weil es heimlich passiert: Die ersten Drogenerfahrungen sammelt man eben mit Freunden, und die meisten Kinder wissen ganz genau, dass ihre Eltern nicht begeistert wären, wenn sie wüssten, was der Nachwuchs da treibt. Es gibt Zeichen, aber sie sind nicht eindeutig. Oft fügen sich die Vorzeichen erst im Licht der späteren Gewissheit „Mein Kind nimmt Drogen!" zu einem ganzen Bild zusammen. Ob Sie nun Haschischkrümel gefunden haben oder der kleine Bruder Ihnen erzählt, der große rauche im Garten grüne Steinchen in einer Pfeife oder Sie finden, per Zufall versteht sich, im Tagebuch Ihrer 14-jährigen Tochter einen detaillierten Bericht des letzten Ecstasy-Trips: keine Panik! Es könnte sogar sein, dass Ihre Tochter ihr Tagebuch absichtlich offen herumliegen ließ, weil sie unbewusst darauf aufmerksam machen will, dass sie in Schwierigkeiten steckt. Mit vorschnellen und unüberlegten Reaktionen, mit weinerlichen Vorwürfen „Wie konntest du uns das antun?", mit wütenden Drohungen „Wenn ich dich noch einmal erwische, dann ...", verbauen sich Eltern leicht so manche Möglichkeit, ihr Kind zu erreichen.

Doch gerade jetzt gilt es, die Türen offen zu halten, Vertrauen zu gewinnen und Ruhe zu bewahren und sich ein Bild zu machen. Allzu frühe Verdächtigungen können da viel Porzellan zerschlagen. Der Versuch, mit der Tür ins Haus zu fallen, indem man den Sohn oder die Tochter in bester Verhörmanier auf eine Droge festnagelt, die man in Verdacht hat, kann Türen, die vielleicht noch einen Spalt weit offen stehen, zuschlagen. Besser ist es, zunächst einmal die beunruhigenden Verhaltensänderungen anzusprechen: „Ich habe das Gefühl, dir geht es in letzter Zeit nicht gut. Kann ich irgendetwas für dich tun?", oder: „Du hast doch früher kein einziges Training mit deiner Mannschaft versäumt, warum macht es dir denn jetzt auf einmal keinen Spaß mehr?" oder auch ein bisschen direkter, aber ohne Unterstellungen: „Hör mal, ich mach mir Sorgen, weil du in letzter Zeit so viel mit Timo und Dennis zusammen bist und ich von denen weiß, dass sie kiffen."

Besonnenheit und Fingerspitzengefühl ist mehr denn je gefragt. Auch auf die richtige Situation kommt es an. Zwischen Tür und Angel passt nicht mehr als ein unergiebiger Wortwechsel, beim Öffnen der Telefonrechnung platzt einem höchstens der Kragen. Es hat auch keinen Sinn, als wutschnaubender Drache die Kinderzimmertür aufzureißen, die Einwegspritze, die man in der Tasche des Anoraks seines Kindes gefunden hat (Himmel hilf!), auf den Tisch zu knallen und auf einer Erklärung zu bestehen: „Was soll das bedeuten? Sag was dazu!" Sicher ist es unwahrscheinlich, dass ein 15-Jähriger blasser Schulschwänzer in ständigen Geldnöten, dessen Stecknadelpupillen sogar schon der Oma aufgefallen sind, die Spritze als Wasserpistole benutzt. Aber es könnte doch immerhin sein, dass er damit nur das Gift für den Holzwurm in seinen Schreibtisch injizieren wollte. Auch in einem solchen Fall ist Ruhe erste Elternpflicht – jedenfalls wenn sie über die Angelegenheit ins Gespräch kommen wollen.

Für Eltern beginnt jetzt eine heikle Gratwanderung, die im besten Fall Panikmache genauso wie Verharmlosung meidet. Wenn sich der Verdacht erhärtet, dass der Sohn oder die Tochter übermäßig viel trinkt, Zigaretten raucht, unkontrolliert Tabletten einnimmt oder illegale Drogen konsumiert, ist Panik zwar verständlich, aber wenig hilfreich. Kurzum, es gilt das Bad auszuschütten und nicht das Kind. Mit ihrer klaren Reaktion und ihrem Verständnis für die Schwierigkeiten ihres Kindes können Eltern noch viel ausrichten, bevor es zu einer wirklichen Abhängigkeit kommt, und auch, wenn bereits die Sucht das Feld beherrscht, können Eltern dazu beitragen, dass sich ihr Kind wieder davon befreit – die Mischung aus einem klarem Verhalten und aufrichtigem Gespräch macht's, und die ist in jeder Familie eine andere. Das Gespräch, die innige Verbindung von Reden und Zuhören und noch mehr als das, ist dabei aber der entscheidende Brückenschlag und der Weg.

Das Gespräch nicht abreißen lassen

Eltern in Sorge um ihr Kind knüpfen hohe Erwartungen an das Gespräch, schon weil sie hoffen, dass ihre Warnungen Gehör finden und ihre Ratschläge beachtet werden. Aber sie sind auch verunsichert, ob sie die Sache überhaupt aufs Tapet bringen sollen. Das kann viele Gründe haben: Manche Eltern haben in ihren Jugendjahren selbst gekifft und mit anderen illegalen Drogen Erfahrungen gemacht und sind tief im Inneren davon überzeugt, sie selbst gäben schon gar kein gutes Vorbild ab. Einige Mütter und Väter haben so große Angst vor der Gewissheit, dass sie nicht wahrhaben wollen, was sie sehen. Andere wissen über Drogen nicht mehr, als sie auf den Fotos von Heroinabhängigen auf dem Bahnhofsklo gesehen haben. Sie glauben, es fehle ihnen an Sachkenntnis für ein offenes Gespräch über Suchtmittel. Doch ob das Gespräch gelingt, hängt nicht nur von eigenen Erfahrungen oder Faktenwissen ab. Viel wichtiger ist das Klima, in dem man miteinander redet. Dabei muss man sich nicht einseitig und wertend am Drogenkonsum festhaken, sondern die gesamte Lebenssituation ansprechen. Finden Sie heraus, welchen Zweck der Drogenkonsum hat: war es Neugierde, war es Nachahmung oder steckt ein Problem dahinter? Wenn Sie nur auf die Droge starren wie das Kaninchen auf die Schlange, werden Sie nichts erfahren, das Sie und Ihr Kind weiterbringen könnte. Was hast du davon? Was bringt euch das? Wie fühlst du dich am nächsten Morgen? Und: woran würde ich erkennen, wenn du Probleme hast? Das sind Fragen, die über die Droge hinausgehen und den Menschen, der sie nimmt, ins Blickfeld rücken. Ob Eltern und Kinder über diese Fragen miteinander in ein aufrichtiges Gespräch kommen können, hängt auch von den Gepflogenheiten ab. Familien, in denen das Reden miteinander als Gelegenheit geschätzt wird, ein liebevolles und einfühlsames Interesse zu offenbaren, gegensätzliche Standpunkte zu respektieren und Verständnis für das Verhalten des anderen zu empfinden, haben es leichter. Lassen Sie beiläufig einfließen, dass Sie wissen, dass jeder vierte Jugendliche Haschisch zumindest mal ausprobiert und die allermeisten es dabei belassen. Aber weisen Sie auch daraufhin, dass sich bei dauerhaftem Konsum eine Abhängigkeit einstellt, die besonders bei Jugendlichen schneller entsteht. Und dass man, wenn man anfängt zu kiffen, nicht wissen kann, wo es endet.

Wer das Gespräch immer erst dann sucht, wenn es Schwierigkeiten gibt, kann nicht viel erwarten. Erst recht führt das Reden über Drogen in die Sackgasse, wenn es nur darum geht, das bessere Argument zu haben und Recht zu behalten. Ein klarer Standpunkt hingegen findet eher

Gehör, wenn er die Atmosphäre echter Besorgnis übermittelt und die Bereitschaft zur Hilfe signalisiert, aber andererseits klare Grenzen absteckt, was man bereit ist zu tragen und was nicht. Aufrichtigkeit ist wichtig: Schildern Sie Ihrem Kind, welche Befürchtungen Sie haben, aber verhehlen Sie auch nicht, dass Sie mit anderen Menschen über die Situation gesprochen haben. Und verschaffen Sie sich die Informationen über Sucht und Suchtmittel, Risiken und Wirkungen, die Sie brauchen, um die Gefahr einzuschätzen, aber auch über Möglichkeiten der Beratung und Hilfe, die Sie in Anspruch nehmen können. Behalten Sie einen kühlen Kopf, wenn es heißt „Haschisch ist harmlos und macht nicht süchtig": Die Gefahr beim Cannabis liegt weniger in der Sucht als vielmehr darin, dass der Joint so in den Tagesablauf eingebaut wird, dass es irgendwann ohne Haschisch keine Freude mehr gibt. Ein stetes Abrutschen, mal langsam, mal schneller, kann den Cannabiskonsum begleiten. Vom Gymnasium in der Realschule, dann in die Hauptschule und dann zum Arbeitsamt, wo man vergeblich eine Lehrstelle sucht – das ist die Gefahr beim Kiffen. Alle Drogen sind gefährlich; besonders dann, wenn sie dazu benutzt werden, Schwierigkeiten auszublenden. Lassen Sie sich nicht in einen Streit darüber verwickeln, ob Ihr Glas Wein schädlicher ist als der Joint nach der Schule. Aber zeigen Sie sich bereit, auch Ihre eigenen Gewohnheiten in Frage zu stellen.

Und seien Sie nicht enttäuscht, wenn das alles nichts fruchtet: Offene Gespräche bieten viele Chancen, sich zu verständigen und auszutauschen und anzunähern – als Druckmittel taugen sie nicht. Veränderungen brauchen Zeit, Lösungen brauchen Geduld – und wenn Sie alle Hebel auf einmal in Bewegung setzen, sobald Sie sicher sind, dass Ihr Kind Suchtmittel gebraucht, schießen Sie leicht übers Ziel hinaus. Wichtiger als das eine Gespräch zu führen ist es, im Gespräch zu bleiben. Die Politik der kleinen Schritte bewährt sich auch zwischen Eltern und Kindern, um Lösungen anzubahnen: Es ist schon viel gewonnen, wenn es Ihnen gelingt, Ihren eigenen Standpunkt zu Drogen klar zu machen. Wenn Sie im Gespräch bleiben, haben Sie eine gute Chance, gemeinsame Regeln für das Verhalten zu Hause aufzustellen. Für das erste Gespräch gibt es keinen besseren roten Faden als es so zu führen, dass ein zweites folgt.

Eigene Ängste aushalten

„Irgendwann ist mir der Kragen geplatzt", erinnert sich eine Mutter, „sie haben den ganzen Nachmittag in der Bude gehockt und gekifft. Dann habe ich habe die Tür aufgerissen und die ganze Bande rausgeworfen." Genau das wollte sie eigentlich vermeiden. „Besser er kifft hier als irgendwo auf der Straße", so ihr Kalkül, „dann weiß ich wenigstens, wo er sich rumtreibt." Genau das weiß sie jetzt nicht mehr: Johannes hat seine Sachen gepackt und ist gleich mitgegangen. Seit vier Tagen hat sie nichts mehr von ihm gehört. „Und das war die Hölle", sagt sie knapp. Nicht zu wissen, wo ihr Kind sich aufhält, sich alle möglichen Gefahren auszumalen und gleichzeitig der Versuchung zu widerstehen, dem 15-Jährigen hinterherzutelefonieren oder sich auf die Suche zu machen – ein Alptraum. „Wenn ich wüsste, dass er robust und stark genug ist, wäre alles halb so wild", bringt Johannes Mutter auf den Punkt, welche Sorge viele Eltern bewegt. „Aber ich weiß es einfach nicht", sagt sie, „manchmal bin ich ganz baff, wie selbstbewusst und durchsetzungsfähig er ist. Aber dann denke ich wieder daran, was ihm zustoßen könnte und habe nur noch Angst." Zwei Tage später stand Johannes wieder vor der Tür – um eine Erfahrung reicher und bereit, über Regeln zu verhandeln. Gut, dass seine Mutter nicht zu

Kreuze gekrochen ist. Sie hat ihn, wenn auch mit blutendem Herzen, wie sie selbst einräumt, gehen lassen und ihm die Folgen seines Verhaltens nicht erspart, indem sie ihn etwa händeringend zum Bleiben überredet hätte. Johannes hat die Geste verstanden und gespürt, dass seine Mutter ihn loslässt, ohne ihn fallen zu lassen. „Kiffen nur noch am Wochenende ist okay", greift er knapp einen Vorschlag seiner Mutter auf, den er noch eine Woche vorher empört zurückgewiesen hat.

Für Eltern ist es das Schwerste überhaupt: Die Wucht der eigenen Ängste auszuhalten, bedeutet auch, sich den bohrenden Fragen zu stellen, die das Verhalten des Kindes aufwerfen kann. Eltern fühlen sich für alles verantwortlich. Sie trauen ihren eigenen Eindrücken aus Furcht vor schwer wiegenden Versäumnissen nicht. Auch wenn sie erleben, dass ihr Kind als ein Wesen mit bestimmten Anlagen zur Welt kommt, leben sie in der Vorstellung, nicht nur alles beeinflussen zu können, sondern auch zu müssen. Das wohlgeratene Kind, das in der Schule etwas leistet, zu Hause tatkräftig mitanpackt, vernünftigen Argumenten aufgeschlossen ist, mit seinen Eltern auf gutem Fuß steht, mit ein paar Freunden gute Beziehungen unterhält und beizeiten Angebote, diesen oder jenen Stoff zu probieren, selbstsicher zurückweist, zeigt mit seinem Verhalten, dass die Erziehung, die es genossen hat, etwas taugt. Unversehens wird das Kind zum Beleg der erzieherischen Qualitäten seiner Eltern. Allerdings kennt man solche Kinder allenfalls vom Hörensagen. Im Alltag sind sie weniger vollkommen – wie ihre Eltern auch. Es liegt auf der Hand, dass Eltern sich, sobald der Nachwuchs quer schießt, fragen: „Was haben wir nur falsch gemacht?"

Angst um die Kinder begleitet ihre Eltern durch die Jahre. Bei den Zweijährigen sind es Steckdosen und scharfe Messer, später vielleicht andere Kinder in der Klasse, die, stets auf Krawall gebürstet, dem eigenen an den Kragen gehen. Jenseits des zehnten Geburtstages macht man sich Sorgen, wenn die Söhne und Töchter riskante Sportarten bevorzugen, ihre Aggressionen gegen sich selbst richten, etwas später dann auf krumme Touren gehen, Drogen probieren oder sich betrinken. „Eigentlich habe ich ihm schon was zugetraut", berichtet der Vater eines 16-Jährigen. „Aber als ich dann bei einer Familienfeier gesehen habe, dass er ein Glas Sekt runterkippt als wäre es Apfelsaft, hat sich mir der Magen rumgedreht." Der Gedanke, „um Gottes willen, das darf der einfach nicht", war sofort da. Der Vater versucht, seinem Sohn klarzumachen, wie wichtig es ist, dass er die Schule schafft und die Finger vom Alkohol lässt, der Sohn reagiert wie angestochen: „Du glaubst wohl, ich bin ein Säufer!" Er wehrt sich dagegen, dass sein Vater seine Sorgen auf seine Fragen noch draufpackt und entzieht sich allem, was der dazu noch sagen möchte. Eltern fühlen sich bei ihrer Gratwanderung zwischen Einmischen und Raushalten verunsichert: Halten ihre Sorgen das Kind zurück oder geben sie Halt? Es kann eine gute Entscheidung sein, den Mund zu halten. Kleine Kinder spüren die Ängste ihrer Eltern intuitiv, große Kinder kennen sie. Es ist nicht nötig, ihnen bei jeder Gelegenheit davon zu erzählen, welche Gefahren man sich ausmalt. Überlegen Sie mal, wie Sie sich fühlen, wenn Ihre alte Mutter anruft, um Ihnen zu sagen, wie sehr sie sich sorgt, ob Sie auch warm angezogen sind, genug essen und nicht zu viel arbeiten in Ihrem höchst anspruchsvollen Job. Genauso ärgerlich reagieren heranwachsende Kinder auf die Ängste ihrer Eltern – sie empfinden sie als schwächend und sehen in ihnen den Versuch, ihre Unabhängigkeit zu untergraben.

Das Vertrauen der Eltern bedeutet für ihre Kinder viel. Wenn es echt und unverbrüchlich ist, kann es wie ein Schutzschild wirken, das einerseits Selbstvertrauen hervorbringt und andererseits auch den mehr oder weniger deutlichen Wunsch, dieses Vertrauen nicht zu enttäuschen. Was die Eltern meinen, ist für die Kinder wichtig – auch wenn sie sich immer seltener zu Hause blicken lassen oder nur wenig Bereitschaft an den Tag legen, „über alles zu reden". Wenn Heranwachsende verständnisvolle, aber nicht kritiklose Gesprächspartner in ihren Eltern finden, kommen sie auch wieder zurück. Loslassen ist etwas anderes als fallen lassen und hilft auch Eltern, sich zu besinnen. Mit der Zuversicht wachsen auch Geduld und Langmut. Allerdings lässt sich das zuversichtliche Vertrauen in die positiven Entwicklungsmöglichkeiten der Kinder nicht erzwingen. Um sich zu dieser Haltung wirklich durchzuringen, müssen Eltern ihre eigenen Ängste klarer in den Blick bekommen.

In vielen Sorgen um die Tochter oder den Sohn fließen unterschiedliche beunruhigende Vorstellungen, die sich weniger an die objektiv drohenden Gefahren anknüpfen als vielmehr an – vermeintliche oder wirkliche – Versäumnisse in den zurückliegenden Jahren, die man gemeinsam verbracht hat: dem Kind keine komplette Familie geboten zu haben, es nicht genügend gefördert zu haben, selbst zu unsicher und inkonsequent gewesen zu sein, um ihm Zielstrebigkeit und Klarheit zu vermitteln. Auf der anderen Seite fällt es Eltern schwerer, auf die eigenen Entscheidungen der Kinder zu vertrauen, je mehr sie kontrolliert und dirigiert haben und je weniger die Kinder lernen konnten, selbstbestimmt zu handeln. Angst um die Kinder spiegelt einen Mangel an Vertrauen, der eng mit quälenden Fragen nach den eigenen Fähigkeiten als Eltern verbunden sein kann. Da schließt sich der Kreis aus Sorge und Schuldgefühl.

168

Regeln

Wenn Kinder etwas tun, was sie nicht tun sollten, bewegt sich die Antwort ihrer Eltern darauf häufig zwischen bestrafen und zaudern. Die Grenze zwischen Gewährenlassen und Eingreifen ist oft schwer auszumachen. Zwischen der einen Frage, wann Kinder in irgendeiner Weise Schaden nehmen oder zufügen, und der anderen, womit Mütter und Väter aufgrund ihrer eigenen Haltung, Lebenslage und Geschichte leben können, spielt sich alles ab: Manchmal ist es ganz leicht zu spüren, wo die echten Bedürfnisse und wahren Herausforderungen für die Kinder liegen. Manchmal tappt man im Dunkel bei dem Versuch herauszufinden, worum es geht und wo die Kinder mit sich selbst und anderen Menschen stehen. Natürlich spüren Eltern Wut und Empörung, wenn ihre Kinder sie beschimpfen, wenn sie unhöflich sind, ihnen die Zuwendung vorenthalten, die sie sich wünschen und glauben, verdient zu haben, wenn sie sich entziehen und auch wenn sie in den Drogenkonsum fliehen.

Selbst dort, wo Grenzen als wichtig erkannt werden, wissen Eltern heute meist nicht, wie sie diese Grenzen setzen sollen. Ohrfeigen und die Tracht Prügel sind heute zu Recht verpönt. In den Keller will man sie auch nicht sperren. Also, was soll man tun? Mit dem Zweijährigen, der voller Wut den Suppenteller vom Tisch fegt, mit der Dreijährigen, die mit geballten Fäusten auf ihre Mutter losgeht, mit dem Vierzehnjährigen, der nachts um zwei von der Techno-Party zurückkehrt und überlegen lächelnd seinen Eltern mitteilt, sie sollten lieber weiterpennen, als hier so 'nen Aufstand zu machen, weil sie sonst morgen früh wieder nicht ihren Hintern aus den Betten kriegen würden. Wie reagieren Erwachsene auf all diese Provokationen, die das Leben mit großen Kindern in wachsender Zahl bereithält? Mal so, mal so, und beim nächsten Mal wieder ganz anders.

Unversehens geben sie ihre eigene Unsicherheit an ihre Kinder weiter. Statt Halt zu empfinden, gewinnen Kinder den Eindruck, dass die Eltern selbst nicht wissen, wo's langgeht. Und gerade wenn es um Drogen geht, aber auch schon lange vorher, brauchen die Kinder Eltern, die auch die Kraft haben, ihnen beizustehen, wenn es nötig ist. Kleine Kinder brauchen großzügige Eltern, die nicht jeden kleinen Regelverstoß mit einem Donnerwetter beantworten. Aber sie müssen spüren, dass ihre Eltern es sind, die die Richtlinien des Zusammenlebens bestimmen und nicht sie, die Kinder. Große Kinder brauchen die Möglichkeit, diese Regeln mitzubestimmen – mit jedem Geburtstag ein bisschen mehr Verantwortung zu übernehmen. Weil Sucht so viel mit Grenzenlosigkeit zu tun hat, sind die Regeln, in denen sich die Grenze zwischen akzeptiertem und nicht akzeptiertem Verhalten abzeichnet, so wichtig für Eltern und Kinder.

Die vordergründige Angst der Eltern, die Wahrung der eigenen Grenzen könnte einen noch weiter von den Kindern entfernen, spielt für die weitere Entwicklung eine wichtige Rolle. Diese Befürchtung verkennt allerdings, dass gerade die klare Abgrenzung die Voraussetzung für eine neue Annäherung ist. Anders gesagt: Gegenhalten ist auch ein Halten für die Kinder. Wo es fehlt, kann sich das fatal auswirken: Aus Angst um das Kind machen Eltern immer größere Zugeständnisse. „Wenn ich zu Hause nicht rauchen darf, mache ich es eben bei meinen Freunden", oder: „Wenn ihr mir das Geld nicht gebt, schneidet mir der Dealer die Ohren ab", oder: „Wenn ihr mir das Taschengeld streicht, muss ich eben klauen", sind Beispiele für Gelegenheiten, die es lohnen, eine konsequente Haltung an den Tag zu legen.

Jedes Kind ist einmalig und anders als jedes andere – und Familien sind es auch: In der einen Familie geraten die Eltern angesichts des zum ersten Mal betrunken heimkehrenden Sohnes aus dem Häuschen, in der nächsten ist dasselbe Ereignis höchstens Anlass für allgemeine Belustigung und scherzhafte Ermahnungen. Den Joint unter Freunden am Wochenende duldet die eine Mutter, kommen allerdings Trips ins Spiel, sieht sie rot, die nächste Mutter reiht sich kurzerhand in die Runde mit ein, in der gerade der Joint kreist in der stillen Hoffnung, dem Ding den Reiz des Verbotenen zu nehmen. Wieder andere Eltern wissen schon aus Erfahrung um den unbändigen Freiheitsdrang ihres Vierzehnjährigen, bei dem jede Einschränkung auf heftigste Gegenwehr trifft – jetzt erst recht, Mann! – und schreiten nicht ein, wenn da schon wieder dieser harzige Geruch im Zimmer hängt. Bis es ihnen irgendwann wie Schuppen von den Augen fällt, warum die Briefwaage immer wieder verschwindet und in seinem Zimmer auftaucht. Der Junge hat angefangen zu dealen – er braucht das Ding, um Haschischpieces abzuwiegen. Ihr Ausrasten muss Folgen haben, sonst merkt sich der Sohn nur, dass er die Briefwaage eben immer wieder zurückstellt. Beispielsweise in Gestalt der Regel: Wir können nicht verhindern, dass du kiffst. Aber wir dulden nicht, dass du hier zu Hause dealst.

Wenn Eltern sich dieser Zusammenhänge bewusst werden, fallen viele Unsicherheiten und Missverständnisse weg und es treten Ebenen, Charakterzüge und Seiten hervor, die wir nur akzeptieren, aber nicht vollkommen umkrempeln können. Regeln für den Umgang mit Suchtstoffen müssen daran anknüpfen, was gegeben ist und vorgegeben, wenn nicht gemeinsam bestimmt werden, damit sie funktionieren. Was in Ihrer Familie machbar ist, können Sie nur selbst herausfinden – wichtig ist, dass es Regeln gibt, auf deren Einhaltung man bestehen kann und deren Überschreitung unmittelbare logische Konsequenzen nach sich ziehen. Ein paar Anregungen, wie Sie sich gegenüber dem Drogengebrauch Ihres Kindes abgrenzen können, ohne sich von Ihrem Kind abzugrenzen:

- Wie sieht es mit Ihrem eigenen Umgang mit Suchtmitteln aus? Ändern Sie etwas, wenn Sie meinen, dass Sie zu viel trinken oder rauchen.
- Halten Sie die Hand auf dem Geld. Geben Sie nur etwas, wenn Sie sicher sein können, dass es nicht für Drogen verwendet wird..
- Übernehmen Sie nicht die Schulden Ihres Kindes, helfen Sie ihm, einen Job zu finden, der es ihm erlaubt, sie selbst zu begleichen.
- Seien Sie sparsam mit Verständnis, aber freigiebig mit Angeboten, die helfen könnten, von der Gewohnheit oder Abhängigkeit wegzukommen.
- Reden Sie nicht um den heißen Brei herum, aus Furcht vor wieder neuen Auseinandersetzungen, sondern sprechen Sie die Probleme offen an.
- Dulden Sie keine Drogen in Ihrem Haus. Bestehen Sie darauf, dass zu Hause nicht gedealt wird.
- Oder dulden Sie Drogen nur unter bestimmten Bedingungen – nur am Wochenende, nicht vor der Schule, nur einmal im Monat. Es gibt viele Möglichkeiten, mit Drogen vernünftig, das heißt, kontrolliert umzugehen.

Etwas für sich selbst tun

Bestimmte Regeln aufzustellen und auf deren Einhaltung zu dringen, ist nur ein Teil des Ganzen. Echtes Wachsen geht tiefer. Um die Chancen zu begreifen, die auch diese Krise bereithält, müssen Eltern ihre eigenen Grenzen erkennen.

„Ich stand mit dem Rücken an der Wand", und: „Ich war völlig fertig" oder: „Meine Gedanken drehten sich im Kreis, meine Gefühle überschlugen sich, es war ein einziges Chaos" – so beschreiben Eltern ihre Empfindungen angesichts der Entdeckung, dass ihr Kind Drogen nimmt oder sogar schon abhängig geworden ist. Verzweiflung mischt sich mit Wut, dazwischen bohrende Fragen, Zweifel, Selbstvorwürfe. Auch wenn sie wissen, dass Konsumexperimente selten in Abhängigkeit führen, auch wenn sie inständig hoffen, dass ihre Kinder über eine starke Persönlichkeit verfügen, empfinden viele Eltern den Sog der Angst, die leicht sie selbst, ihren Partner und die Geschwister mit sich reißen kann. Ein Kind, das Drogen nimmt oder bereits abhängig ist, zieht unweigerlich seine ganze Familie in Mitleidenschaft. Wenn Eltern ihre starken Impulse, das Kind versorgen und beschützen wollen, ungebrochen weiter aufrechterhalten, alle Gedanken und Ängste nur noch diesem einen drogengefährdeten Kind gelten, das wie die schwarzen Löcher in der Physik alle Energie auf sich zieht und verschluckt, bleibt für die Geschwister und die Eltern selbst nichts. Ausgelaugte, überforderte Mütter und Väter sind aber nicht nur unglücklich, sondern haben auch nicht mehr die Kraft, ihren Kindern Halt zu geben und Orientierung zu vermitteln. Die Eltern haben jahrelang so viel Kraft und Energie auf ihre Kinder konzentriert, auf vieles verzichtet und ihren ganzen Lebensalltag nach den Bedürfnissen der Kinder gerichtet. Wenn ihre Kinder nun in dem Alter sind, in dem sie erste Drogenerfahrungen und sexuelle Erlebnisse machen, führen sie damit ihren Eltern vor Augen, dass sie unabhängig werden wollen. Die Herausforderung des Erwachsenwerdens hält für die Eltern ganz ähnliche Zumutungen bereit wie für die Kinder: Auf einmal sollen die Eltern Distanz zu ihnen entwickeln – gerade wenn ihnen der neue Freundeskreis der Kinder nicht gefällt, sie mit ihrer Alltagsgestaltung nicht einverstanden sind und sich große Sorgen machen? Das ist schwer für Mütter und Väter, besonders, wenn sie in den letzten Jahren ihr Leben ganz nach den Kindern gerichtet haben und sich selbst darüber völlig aus den Augen verloren haben – aber nötig.

Bei aller Liebe: Eltern dürfen ihre eigenen Interessen, ihre Grenzen, ihr Wohlergehen nicht vernachlässigen. Nur, wenn sie auf sich selbst achten, können sie die Kraft aufbringen, dem Jugendlichen zu helfen. Eine unheilvolle Wechselwirkung entsteht, wo Eltern sich aus Sorge um ihr Kind überfrachten. Aus Angst nehmen sie ihren heranwachsenden Kindern mehr Verantwortung ab, als für deren eigenständige Entwicklung gut ist. Jugendliche reagieren darauf mit provokanten Aktionen: Manche wenden sich in erschreckender Weise von ihren Eltern ab, weil sie unter Drogeneinfluss stehen, andere riskieren ihr Leben mit gefährlichen Unternehmungen, andere opponieren nach Leibeskräften. Sie nutzen, wenn auch oft unbewusst, die Bereitschaft der Eltern aus, für sie Sorge zu tragen wie in früherer Kindheit. Für Eltern ist es höchste Zeit, jetzt wieder etwas mehr für sich zu tun. Wenn Sie schon immer Spanisch lernen wollen, tun Sie es jetzt. Wenn Sie wegen der Kinder auf Ihren Beruf verzichtet haben, steigen Sie jetzt wieder ein. Wenn Ihre Beziehung zu Ihrem Partner in Langeweile und gegenseitiger Geringschätzung erstarrt ist, wagen Sie einen Neuanfang. Und wenn Ihr Kind Sie mit seinen Drogengeschichten pausenlos in Atem hält, wenden Sie sich seinen Geschwistern zu: Wie geht es eigentlich den anderen Kindern?

Alle Jugendlichen brauchen Halt, auch Ihr Sohn oder Ihre Tochter, die sich jetzt so vehement weigert, sich von Ihnen etwas sagen zu lassen – nicht von dir, ey! Aber auf ihrem Weg in das selbständige Leben hinein wird sie das Beispiel von Eltern, die sich intensiv und mit Freuden ihren eigenen Interessen widmen, mehr ermutigen als deren Übermaß angstvoller Fürsorge. Wenn Sie in der echten, tiefen Überzeugung leben, für Ihre Kinder jederzeit Ihr Leben geben zu wollen, müssen Sie damit auch gar nicht aufhören. Aber warum sollten Sie das Tag für Tag, Stunde um Stunde tun?

Gelingt es Ihnen, die eigene Einstellung gegenüber dem Kind zu festigen und zu einem sicheren Verhalten zu finden, erkennen Sie, dass Schuldgefühle fehl am Platz sind: Alle Eltern machen Fehler, auch in der Beziehung zu ihren Kindern. Sie tragen nicht die Schuld an der Sucht ihrer Kinder – aber sie können dazu beitragen, dass ihr Sohn oder ihre Tochter wieder von einer Droge loskommt. Und auch dabei werden sie weiterhin Dinge falsch und richtig machen. Sich mit der eigenen Vorläufigkeit zu versöhnen und dabei den Weg der eigenen Kinder zu akzeptieren, ist vielleicht die schwierigste Etappe im Parcours der Elternschaft, zu dem Sie an diesem Tag vor vielen Jahren mit dem schreienden Bündelchen auf dem Arm aufgebrochen sind. Oft sind wir gefangen in eigenen Mustern bei der Wahrnehmung anderer und engen uns auf Schemen ein, wo wir doch das ganze Bild haben könnten. Davon kann man sich befreien, wenn man einen Schritt zurücktritt und sich auf das eigene Leben wieder stärker besinnt. Der Rückblick auf die Jahre des Familienlebens, die hinter einem liegen, rückt nicht nur Versäumnisse, sondern auch Reichtum in den Vordergrund – an diese Ressourcen, nicht an den Mangel kann man durchaus anknüpfen. Eltern greifen nach den Chancen der Krise, wenn sie sich selbst etwas Gutes tun – und sich Hilfe holen.

Eltern brauchen andere Eltern

Wem fällt es schon leicht, unangenehme Wahrheiten zu erkennen, sie gelten zu lassen und sich ihnen zu stellen? Probleme sind peinlich und rücken den, der sie hat, atmosphärisch in die Rolle des Versagers. Aber damit ist niemandem geholfen, nicht dem Kind und nicht den Eltern. Schöpferisch mit Schwierigkeiten umzugehen, heißt sich

175

zu öffnen für Neues. Ein Problem nicht zu verharmlosen, nicht zu dramatisieren, nicht zu überspielen, nicht auf andere projizieren – das ist keine Aufgabe für Solisten. Wer versucht, mit dem Drogenproblem seines Kindes alleine klarzukommen, läuft Gefahr, sich zu überlasten oder der Herausforderung auszuweichen, indem er zum Ankläger wird. Aber damit, dass wir auf die schlechte Schule, die schlimme Clique oder die konsumbesessene Gesellschaft verweisen, blockieren wir die schöpferische Verarbeitung der Probleme. Für einen allein oder zwei, die sich auch nicht immer einig sind, ist die Aufgabe zu schwer: Eltern brauchen andere Eltern, schon um sich zu entlasten. Der frische Blick auf die eigene Lage von Menschen, die Ähnliches durchmachen, stärkt die Zuversicht und rückt alte Irrtümer zurecht und bewahrt vor neuen. In Gesprächsgruppen von Eltern drogenabhängiger und drogengefährdeter Kinder machen Mütter und Väter gute Erfahrungen, verstanden und ernst genommen zu werden. Viele berichten, dass sich zwar nicht ihr Problem, aber ihre Haltung dazu verändert hat, seit sie sich mit anderen Eltern austauschen: Vom resignierten „Typisch, das kann nur mir passieren, ich bin und bleibe eben ein Versager" bis zum „Aha, es ergeben sich jetzt ganz neue Möglichkeiten, die ich noch nicht kenne. Ich will sie herausfinden", führt der Weg aus der Krise.

Drogenkonsum hat viele Gründe. Er hat zu tun mit der Suche nach der eigenen Identität, mit der Angst vor der Unabhängigkeit und dem Loslassen, mit dem trotzigen Gegenmodell der Kinder, Chaos gegen unsere Ordnung, mit jugendlichem Erlebnishunger gegen unser spießiges Funktionieren. Drogenkonsum kann auch ein unterschwelliges Familienproblem spiegeln. Aber gegenseitige Schuldzuweisungen („Warum tust du mir das an?" gegen „Wenn man bei euch leben muss, kann man ja nur süchtig werden!") führen in die Erstarrung. Wenn Eltern sich in der

Wucht der Gewissheit, dass Ihr Kind Drogen nimmt, mit anderen Eltern zusammenfinden, kann die Krise zum Ausgangspunkt für ein Lernen an den Verhältnissen werden.

Eltern haben es schwer, weil sie allein sind mit der schwierigen Erziehungsaufgabe – aber diese einsame Herausforderung teilen sie mit anderen Eltern. Hilfe zu suchen ist kein Zeichen von Schwäche und Versagen, sondern genau das Gegenteil davon: Wer sich Unterstützung holt, wenn er nicht mehr weiter weiß, beweist Verantwortungsbewusstsein gegenüber seinen Kindern und sich selbst. Der erste Schritt, eine schier ausweglose Situation zu verändern, kann sein, sich eine Selbsthilfegruppe für Eltern zu suchen. Und wenn Sie keine finden, gründen Sie eine.

Do's & Don'ts: eine Annäherung für Eilige

Was genau in Ihrem Fall zu tun ist, will noch herausgefunden werden. Sucht und Abhängigkeit ist ein vielschichtiges Geschehen, das von einer Unmenge einzelner Umstände geprägt ist, deren Einflüsse sich von Fall zu Fall weit unterscheiden. Mithilfe der langjährigen Erfahrung aus der Suchtforschung, der Behandlung von Abhängigen und der Fülle von Lebensgeschichten von Gefährdeten lassen sich jedoch Zusammenhänge zwischen Ursachen und Wirkungen, Tendenzen und Tatbestände erkennen, die Antworten auf die Frage: „Was kann ich tun, wenn mein Kind Drogen nimmt?" geben – der gemeinsame Nenner ist gar nicht so klein. Was schadet – Abschreckung, Strafandrohung, Liebesentzug, Isolation – und was nutzt, lässt sich durchaus erkennen: Liebevolle Erziehung, Stärkung der Persönlichkeit, Hilfe zur Selbsthilfe, Aufklärung und Aufzeigen von Konsequenzen.

Don'ts

- Die Abschreckung vor den Folgen der Sucht und des Drogenkonsums wirkt nicht: Drastische Bilder von Raucherbeinen und toten Junkies auf der Bahnhofstoilette verleiten eher dazu, den Gedanken an die möglichen Folgen zu verdrängen, als den Mut zu sachlicher Auseinandersetzung und Einsicht zu befördern. Bestimmte Schreckensbilder wecken unter Umständen eher die Neugier, verstärken Risikoverhalten bei Jugendlichen.
- Drohungen und Strafen können kurzfristig wirken, weil sie einschüchtern, doch es fehlt ihnen das Element der Bestätigung, der Bestärkung. Strafen blockieren eher die Wahrnehmung und Einschätzung von Suchtgefahren, weil sie Wut oder Angst auslösen und umlenken: auf die Person des Strafenden. Dabei gerät der Blick weg von der Dynamik des Geschehens und verwischt den eigenen Anteil an der Situation. Ein positives Bild von sich und den eigenen Möglichkeiten – der beste Schutz vor Suchtgefahren – kann so nicht entstehen.
- Liebesentzug: Der Entzug von Aufmerksamkeit und Zuwendung schwächt die Persönlichkeit des Gefährdeten oder Betroffenen eher, anstatt gegen Gefahren zu stärken und Kräfte für die eigenverantwortliche Lebensgestaltung freizusetzen. Liebesentzug verwandelt ähnlich wie bei Androhung und Verhängung von Strafen die eigentlich beabsichtigte Vorbeugung zum persönlichen Konflikt zwischen den Beteiligten, anstatt gemeinsam Strategien gegen Gefährdungen zu entwickeln und dementsprechend zu handeln.
- Soziale Ausgrenzung: Isolationsversuche von so genannten Tätern bewirken das Gegenteil, weil ein wesentliches Element, nämlich die Stütze in der Gemeinschaft, wegfällt. Wer sich von seiner Familie ausgestoßen fühlt, hat einen Grund mehr, sich Ersatz zu suchen – eine Szene

oder Subkultur als Ersatzmilieu für ausgebliebene oder verweigerte stärkende Beziehungen, so dass dann die Gefährdungen sogar zunehmen können.

Do's

- Liebevolle Erziehung zur Verantwortung und Selbsthilfe – nichts fördert die Persönlichkeitsentwicklung eines Menschen mehr. Liebe vermittelt ein positives Selbstbild und fördert die soziale Kompetenz, Verantwortung sichert eigenständiges und soziales Handeln, und Selbsthilfefähigkeit stützt die Kraft, Krisen zu bewältigen.
- Stärkung der Persönlichkeit: Eine starke und stabile Persönlichkeit vermag eigene Kräfte gegen Suchtgefahren aufzubieten.
- Gewährleistung von Hilfen: Jeder Mensch benötigt in seinem Leben Hilfe, besonders Kinder und Jugendliche, die ihre Persönlichkeit erst noch festigen müssen. Diese Hilfe muss angemessen sein und im besten Fall danach trachten, sich selbst überflüssig machen. Echte Hilfe ist Hilfe zur Selbsthilfe, überbehütende und überfürsorgliche Hilfe ist der Terror, für den man dann auch noch Dank schuldet. Das Credo „Hilf mir, es selbst zu tun" schränkt die Freiheit und Eigenverantwortlichkeit nicht ein, sondern weckt schlummernde Kräfte und Fähigkeiten.
- Aufklärung und Beratung – aber ohne missionarischen Eifer. Fragende und Ratsuchende müssen da abgeholt werden, wo sie ankommen: ihre Fragen und Wünsche stehen im Mittelpunkt. Kann man sinnvoll Abstinenz fordern, wenn sich der andere bereits zum Konsum entschieden hat? Ist es dann nicht sinnvoller, den Konsum zu begleiten, um einer daraus möglicherweise entstehenden Sucht vorzubeugen oder sie sogar aufzufangen? Eine schwierige Frage, die das Streiten lohnt.

- Aufzeigen von Konsequenzen: Die Einsicht in die Folgen des eigenen Handeln, die ohne Drohung erfolgt, ermöglicht am ehesten, gegen die eigene Gefährdung anzugehen. Das ist etwas ganz anderes als Drohen und Verbieten, weil die Handlungsalternative nicht auf Strafen und Sanktionen aufbaut, sondern vor allem nahe legt und anbietet, die Verantwortung sich selbst und anderen gegenüber selbst wahrzunehmen.
- Anregungen und Angebote: Suchtgefährdungen keimen in angenehmem Konsum, sie wachsen, je mehr die Alternativen fehlen. Angebote und Anregungen für gesundheitsförderlichen Genuss, für ein aktives, selbstbestimmtes und suchtfreies Erleben und Gestalten der Lebenswelten, können hier schon früh gegensteuern.
- Vorfahrt für Menschen: Mitmenschlichkeit bedeutet die Konzentration auf das Ziel, die Persönlichkeitsentwicklung und -entfaltung von Kindern und Jugendlichen ichstärkend und ichstabilisierend gegen schädigende Einflüsse zu fördern und den Erwachsenen mit ihren Kindern dabei zu helfen, eine gemeinsame liebenswerte und menschenwürdige Lebenswelt aufzubauen.

11. Kapitel:
Wo Eltern Hilfe finden können

Alles, was Recht ist

Eltern, deren Kinder Drogen missbrauchen, können strafrechtlich nicht zur Verantwortung gezogen werden – es sei denn, sie haben ihre Pflicht zur Information und Aufsicht vernachlässigt. Das bedeutet vor allem, dass Eltern wissen müssen, wo sich ihr Kind aufhält und mit wem es Kontakt hat, dass sie ihrem Kind sagen, dass es in Parks und auf Spielplätzen herumliegende Spritzen nicht aufheben darf, weil sie gefährliche Krankheiten übertragen können. Es bedeutet aber auch, dass Eltern nicht tatenlos mitansehen, wenn ihr Sohn oder ihre Tochter einen Joint raucht, oder sturzbetrunken nach Hause kommt, sondern in einem Gespräch die Gefährlichkeit von Drogen verdeutlichen. Wenn Eltern erkennen, dass ihr Kind regelmäßig Haschisch, Ecstasy oder Alkohol konsumiert, gehört es zu ihren Fürsorgepflichten, eine Suchtberatungsstelle zu besuchen.

Eltern sollten nicht nur aus gesundheitlichen, sondern auch aus rechtlichen Gründen den Konsum illegaler Drogen zu Hause verbieten. Denn sie können sich strafbar machen, wenn sie illegalen Drogenkonsum zu Hause dulden und auf diese Weise ihrer Fürsorge- und Erziehungspflicht nicht nachkommen. (§ 170d StGb).

Cannabisprodukte sind illegale Drogen – es ist strafbar, Haschisch, Marihuana oder Gras zu besitzen, zu kaufen, damit zu dealen oder es zu verschenken und auch, Canna-

181

bispflanzen anzubauen. Mit dieser Entscheidung hat das Bundesverfassungsgericht 1994 dem vielfach geforderten „Recht auf Rausch" eine klare Absage erteilt. Allerdings legt es den mit der Strafverfolgung beauftragten Gerichten nahe, bei so genannten Bagatelldelikten in der Regel von einer Strafe abzusehen, wenn bestimmte Voraussetzungen erfüllt sind: wenn Cannabisprodukte in einer geringen Menge zum unmittelbaren Eigenverbrauch dienen und andere nicht gefährdet werden. Was aber ist eine geringe Menge? Die Justizminister der Bundesländer konnten sich bislang nicht einigen, die Auffassungen schwanken erheblich und reichen je nach Bundesland von 0, 5 bis 30 Gramm Haschisch, allerdings ohne Rücksicht auf den tatsächlichen THC-Gehalt dieser Mengen: Wichtig zu wissen ist, dass bei sichergestellten Betäubungsmitteln zunächst die Art und Menge des Wirkstoffs bestimmt werden muss, bevor es zu einer rechtskräftigen Verurteilung kommen kann.

Das Urteil wurde weithin als teilweise Freigabe des Cannabiskonsums aufgefasst, dies ist jedoch nicht der Fall. Es heißt nur, dass der Besitz von Cannabisprodukten in geringen Mengen zum eigenen Verbrauch bestraft werden kann, aber nicht bestraft werden muss. Das Strafmaß sieht in solchen Fällen eine Freiheitsstrafe bis zu fünf Jahren oder eine Geldstrafe vor. Die Polizei hat nach wie vor weit reichende Befugnisse: Besteht ein Verdacht auf Drogenbesitz, dürfen Polizisten die Wohnung durchsuchen und Leibesvisitationen durchführen. Ein Jugendlicher, der auf frischer Tat ertappt wird, kann ohne Haftbefehl vorläufig festgenommen werden, und zwar unabhängig davon, ob er kleine oder große Mengen bei sich hat. Die Polizisten dürfen einen Arzt zur Blut- oder Urinprobe veranlassen. Dann entscheidet der Staatsanwalt, ob es zu einem Gerichtsverfahren kommt oder die Tat wegen Geringfügigkeit nicht weiterverfolgt wird.

Das Urteil des Bundesverfassungsgerichtes vom März 1994 schließt auch Ecstasy ein, wobei allerdings für Ecstasy keine Angaben gemacht werden, welche Menge als geringfügig gilt. Rechtlich können Eltern nicht zur Verantwortung gezogen werden, wenn sie ihren Kindern erlauben, Techno-Partys zu besuchen. Schließlich kann man nicht zwingend davon ausgehen, dass sie dort Ecstasy nehmen. Aber es fällt unter die Fürsorgepflicht der Eltern, auf die Gefahren von Ecstasy-Konsum hinzuweisen.

Hilfen zur Erziehung

Sich selbst einzugestehen, dass einem die Schwierigkeiten in der Familie über den Kopf wachsen und man aus eigener Kraft keine Lösung mehr zustandebringt, geht alle Eltern hart an. Schuldgefühle und Selbstzweifel helfen aber nicht weiter. Eltern dürfen sich jede Hilfe suchen, die sie kriegen können und sie haben sogar einen rechtlichen Anspruch darauf! Das neue Kinder- und Jugendhilfegesetz bietet unterschiedliche Formen der Hilfe an: von der Erziehungsberatung, dem Erziehungsbeistand, Familienhilfe, Tagesgruppe bis zur Vollzeitpflege, Heimunterbringung und Eingliederungshilfe für seelisch behinderte oder von Behinderung bedrohte Kinder und Jugendliche (zu denen auch Drogenabhängige oder -gefährdete gehören). Anlaufstelle ist das Jugendamt, die Familienfürsorge und der sozialpsychologische Dienst. In gemeinsamen Gesprächen zwischen Eltern, Kind und Mitarbeitern des Jugendamtes soll die bestmögliche Art gesucht, beantragt und gewährt werden. Und auch die Eltern erfahren Unterstützung: Hilfe für sich selbst finden die Eltern im Elternkreis, wo sie ihre Gefühle im Kreis von gleichermaßen Betroffenen klären können und so ihre Selbstsicherheit zurückgewinnen.

Hilfe auf Gegenseitigkeit: die Elternkreise

Wenn Sie einen Verdacht haben, aber nicht sicher sind, ob Ihr Kind Drogen nimmt oder nur eine besonders schwierige Zeit durchmacht, können Sie hier anrufen: Am anderen Ende sitzt jemand, der sich mit dem Thema auskennt, auch aus eigener Erfahrung: in Elternkreisen tauschen sich Eltern über ihre Erlebnisse, Fehler und Erfolge aus und helfen sich gegenseitig dabei, einen Ausweg aus der Krise zu finden. Elternkreise sind keine Seminare über den richtigen Umgang mit süchtigen oder gefährdeten Kindern, sie sind eine gute erste Anlaufstelle. Und sie sind so erfolgreich, weil sie als Selbsthilfegruppen eine gute Möglichkeit bieten, offen über die Situation zu sprechen, Sorgen, Ängste und Kummer darzustellen und zu erfahren, dass es anderen Eltern genauso geht. Es entlastet viele Eltern, wenn sie feststellen, dass sie sich in großer und keineswegs schlechter Gesellschaft anderer Eltern befinden, denen auch nicht erspart bleibt, Schmerzliches durch ihre heranwachsenden Kinder zu erfahren. Gemeinsam lässt sich vieles besser und leichter ertragen, was allein oft aussichtslos scheint. Eltern lernen miteinander, die quälende, nutzlose Suche nach Schuld aufzugeben, ihr eigenes Leben wieder in die Hand zunehmen und sich dem Problem zu stellen. Zu erkennen, dass man in seinen Mutter- und Vaterpflichten keineswegs auf ganzer Linie versagt hat, wenn ihr Kind Drogen nimmt, stärkt und verhilft zu Tatkraft, Zuversicht und der Einsicht darein, was man ändern kann und was nicht. Viel Kraft erwächst aus der innerlichen Befreiung von Schuldgefühlen – neue Gedanken stellen sich ein, wenn sich die innere Verkrampfung in einer verständnisvollen Atmosphäre lösen kann. Mit der Zeit lernen Eltern durch ihre Gespräche, Situationen zu erkennen und zu durchschauen, begreifen, wie sie ihr Verhalten den sucht-

184

kranken Kindern gegenüber verändern können. Niemand
kann Eltern so gut den Rücken stärken wie andere Eltern.
Elternkreise gibt es in nahezu jeder größeren Stadt und
in allen Bundesländern – für Eltern, deren Kinder noch
nicht betroffen sind, die sich informieren wollen, die in
Sorge sind, weil sie ihre Kinder verändert finden, die Zu-
sammenhänge und Hintergründe erkennen wollen und für
Eltern, deren Kinder bereits abhängig sind. Wo in Ihrer
Nähe ein Elternkreis zusammenkommt, erfahren Sie beim
**Bundesverband der Elternkreise drogengefährdeter und
drogenabhängiger Jugendlicher** (BVEK) e. V., Köthener
Straße 38, 10963 Berlin, Telefon: 0 30/5 56 70 20.

Beratungsstellen

Allgemeine Informationen über Drogen, Sucht und Abhängigkeit, aber auch Rat und Hilfe für ihr spezielles Problem finden Eltern in Beratungsstellen. Die Mitarbeiter
sind Pädagogen, Sozialarbeiter, Ärzte und Psychologen. Sie
ergänzen sich im fachlichen Wissen und arbeiten im Team.
Die Beratung ist anonym, in der Regel kostenlos und streng
vertraulich und keineswegs nur für Abhängige und deren
Eltern gedacht. Wenn Sie nur einen Verdacht haben, können Experten Ihnen helfen einzuschätzen, wie der Fall
liegt. Neben den Beratungsstellen des Jugendamtes werden
die meisten Anlaufstellen von freien Trägern unterhalten
wie Kirchen, Stiftungen, der Caritas, dem Deutschen Pa-
ritätischen Wohlfahrtsverband und der Diakonie. Es gibt
sie in jeder größeren Stadt – die Adressen stehen im Tele-
fonbuch, aber auch im Kleinanzeigenteil Ihrer Tageszei-
tung finden Sie Telefonnummern, Anschriften und oft
auch die Zeiten, zu denen Sie dort anrufen können. Im Ge-
sundheits- oder Jugendamt Ihrer Stadt oder Gemeinde er-

halten Sie Auskunft über städtische und kirchliche Beratungsstellen und meist auch über Ansprechpartner in Beratungsstellen freier Träger.

Darüber hinaus hat auch die **Bundeszentrale für gesundheitliche Aufklärung** ein Infotelefon eingerichtet, über das
Sie Antworten auf Ihre Fragen zur Suchtvorbeugung erhalten
und Ihnen Ansprechpartner für eine persönliche Beratung
vermittelt werden können. Telefon: 02 21/89 20 31, montags
bis donnerstags 10–22 Uhr, freitags bis sonntags 10–18 Uhr.

Selbsthilfegruppen

Neben Elternkreisen und Beratungsstellen gibt es viele
weitere Selbsthilfegruppen, in denen sich Menschen, die
Suchtmittel gebrauchen oder gebraucht haben, treffen. Auch
Angehörige und Freunde von Suchtkranken haben in Selbsthilfegruppen eine wertvolle Möglichkeit, sich sachkundig zu
machen, aber auch Halt und Orientierung zu gewinnen, Unterstützung in ihrer schwierigen Lebenslage zu erfahren.
Manche Gruppen werden von professionellen Beratern begleitet, manche bleiben unter sich. Sie alle haben zum Ziel,
sich auf dem Weg gegenseitiger Hilfe dabei zu unterstützen,
sich aus einer Abhängigkeit von Suchtmitteln oder auch
süchtigem Verhalten, das nicht an einen Stoff gebunden ist,
zu befreien. Suchtverhalten kann zwar die verschiedensten
Formen annehmen, aber Suchtkranke haben ähnliche
Schwierigkeiten zu bewältigen – das verbindet und stärkt.

Welche Selbsthilfegruppen es in Ihrer Stadt gibt, können
Sie bei der
**Nationalen Kontakt- und Informationsstelle zur Anregung
und Unterstützung von Selbsthilfegruppen** (NAKOS) erfahren: Albrecht-Achilles-Straße 65, 10709 Berlin, Tel.
0 30/8 91 40 19.

Wenn Sie sich erst einmal einlesen wollen ...

Verschiedene Institutionen haben eine Fülle von Broschüren und Faltblättern herausgegeben, die wichtige Orientierungshilfen für Eltern bieten.

Die Elternbroschüre zur Suchtprävention besteht aus drei Heften, die Sie kostenlos erhalten unter der Bestell-Nr. 33710000 bei der
Bundeszentrale für gesundheitliche Aufklärung, Postfach 910152, 50667 Köln, Telefon 02 21-8 99 21

Die „Deutsche Hauptstelle gegen Suchtgefahren e. V." (DHS) gibt eine Vielzahl von interessanten Veröffentlichungen zum Thema Sucht und Drogen heraus. Westring 2, 59065 Hamm, Tel. 0 23 81/90 15–0.

Der Bundesverband der Elternkreise drogengefährdeter und drogenabhängiger Kinder (BVEK) hat eine Reihe von Informationsmaterial veröffentlicht, das genau auf die Sorgen und Fragen von Eltern zugeschnitten ist. Auch diese Broschüren, Faltblätter und Hefte sind kostenlos erhältlich (BVEK, Köthener Straße 38, 10963 Berlin, Tel. 0 30/5 56 70 20)
Eltern helfen Eltern-Verzeichnis der Elternkreise
Sind Eltern machtlos? Ein Angebot von Eltern für Eltern zur Prävention
Mein Kind nimmt Drogen – Phasen der Elternbefindlichkeit
Vom Klagen zum Lernen – Leitgedanken für Angehörige von Drogenabhängigen
EK-Informationen – vierteljährlich erscheinende Zeitschrift

... und was man mal wie zufällig herumliegen lassen kann: Der Therapieladen Berlin e. V. hat eine Broschüre „Rund ums Kiffen" verfasst, die unter dem Titel „Cannabis denn Sünde sein?" Informationen über Haschisch, Marihuana und Gras speziell für Jugendliche zusammenstellt, inclusive dem „ersten Kiffertest" – einem Fragebogentest vor allem für diejenigen, die Erfahrung mit dem Kiffen haben und die ihr Drogenkonsumverhalten besser einschätzen möchten.

Zu beziehen über: Therapieladen e. V., Potsdamer Straße 131, 10783 Berlin, Telefon: 030/21751741.

Bücher, die weiterhelfen können

- Dietrich Bäuerle: Im Kampf gegen die Drogensucht. Hilfen für Eltern und ihre Kinder, Fischer Taschenbuch Verlag 1991
- Ders.: Suchtgefahren – Kinder und Medikamente. Ein Ratgeber für Eltern und Erzieher, Lübbe Verlag 1994
- Irene Ehmke, Heidrun Schaller: Kinder stark machen gegen die Sucht. Der praktische Ratgeber für Eltern und Erziehende, Herder Verlag 1997
- Paule Goodyer: Kids & Drugs. Ein praktischer Elternratgeber. Herder Verlag 1999
- Lucie Hillenberg, Brigitte Fries: Starke Kinder – zu stark für Drogen. Handbuch zur praktischen Suchtvorbeugung, Kösel Verlag 1998
- Walter Kindermann: Drogenabhängigkeit bei jungen Menschen. Ein Ratgeber für Eltern, Geschwister und Freunde. Lambertus Verlag 1989
- Monika Rennert: Co-Abhängigkeit. Was Sucht für die Familie bedeutet, Lambertus Verlag 1990
- Eckhard Schiffer: Warum Huckleberry Finn nicht süchtig wurde. Anstiftung gegen Sucht und Selbstzerstörung bei Kindern und Jugendlichen, Beltz Taschenbuch, 1999
- Dagmar C. Walter: Kinder vor Drogen schützen. Vorbeugen, Signale erkennen, helfen. Ein Ratgeber für Eltern, Kreuz Verlag 1997
- Rolf Wille: Sucht und Drogen und wie man Kinder davor schützt, Verlag C. H. Beck 1997

Damit werden Eltern groß

Allan Guggenbühl
Pubertät – echt ätzend
Gemeinsam durch die schwierigen Jahre
Band 5513
Eine Orientierungshilfe für Eltern heranwachsender Kinder.

Karin Lichtenauer (Hrsg.)
Weil Mütter ganz besonders sind
Geschichten aus dem wahren Leben
Band 4795
Alltag und Außergewöhnliches zwischen Müttern und Kindern, Liebes-
beweise, Abgrenzungen und lebenslange Zuneigung: Ein fröhliches und
liebenswertes Buch über eine ganz besondere Beziehung.

Eva Simon
Wenn die Kinder aus dem Haus gehen
Wie Eltern und Kinder sich abnabeln
Band 4771
Witzige, treffende, tiefsinnige Geschichten aus dem wahren Leben und
weiterführende Kommentare einer betroffenen Mutter und erfahrenen
Pädagogin.

Shelley Bovey
Und plötzlich sind sie flügge
Wie es Müttern geht, wenn die Kinder das Haus verlassen
Band 4724
Hilfreiche Erfahrungen um die traurige und schmerzliche Seite dieses
Abschieds, die Mut machen für neue Lebensperspektiven.

Karin Meinert
Weil's bei Mama so bequem ist
Wie man Nesthocker los wird, bevor es zu spät ist
Band 4600
Warum es allen gut tut, wenn Nesthocker endlich flügge werden und
wie man sie erfolgreich dazu bringt, zeigt dieses witzige und praktische
Buch.

HERDER spektrum

Marianne Arlt
Welt, ich komme!
Der Pubertät 2. Teil
Tagebuch einer entnervten Mutter
Band 4411
In der 2. Hälfte der Pubertät geht es erst richtig los. Da hilft nur eins:
Raus mit den Kids! Denn draußen pulst das wahre Leben, hart, aber
gerecht.

Daniela Blickhan
Nerv nicht so, Mama!
Wie Eltern sich und ihren Kindern mit NLP helfen können
Band 4535
Schwierige Kinder gibt es nicht! Es gibt jedoch schwierige Situationen.
NLP hilft, die Kinder besser zu verstehen.

Irene Ehmke/Heidrun Schaller
Kinder stark machen gegen die Sucht
Der praktische Ratgeber für Eltern und Erziehende
Band 4538
Hinter jeder Sucht ist eine Sehnsucht. Hier gilt es vorbeugend anzusetzen
und die Lücke, die das Kind über das Suchtmittel zu schließen versucht,
sinnvoll zu ersetzen.

Gisela Steineckert
Aus der Reihe tanzen
Ach Mama! Ach Tochter!
Band 4147
Gisela Steineckert spürt der besonderen Beziehung von Frauen nach.
Ein engagiertes Stück Literatur gegen jede Form von Anpassung.

Marianne Arlt
Pubertät ist, wenn die Eltern schwierig werden
Tagebuch einer betroffenen Mutter
Band 4100
Wenn Kinder „in die Jahre kommen", ist der Familienfrieden dahin.
Marianne Arlt erzählt von heftigen Erfahrungen und wie man trotzdem
ganz gut mit ihnen leben kann.

HERDER spektrum